Helga Grimm
Reim, Rhythmus & Bewegung

Zur Autorin:

Helga Grimm, Jahrgang 1948, seit 1971 Lehrerin an Grund- und Hauptschulen, verheiratet mit dem Lehrer Ingbert Grimm, zwei Kinder: Andreas (1978) und Florian (1982), zeitweilig in der Lehrerfortbildung tätig, Veröffentlichungen in Fachzeitschriften.
Von 1976 bis 1981 unterrichtete sie gemeinsam mit ihrem Mann an der deutschen Schule (Goetheschule) in Asunçion/Paraguay.

Bisherige Veröffentlichungen: ABC mit allen Sinnen (A344),
und weiter geht's ... Band 1 (A345),
und weiter geht's ... Band 2 (A355)

Ihre Adresse: Oberer Hummelberg 10 in D-72275 Alpirsbach, Telefon 0 74 44 / 37 20

Zeichnerin: Andrea Armbruster
Jahrgang 1960, arbeitet seit 1989 freiberuflich als Schauwerbegestalterin, verheiratet, zwei Kinder, Sabrina (1986) und Manuel (1988).

Legende:

Auf den meisten Seiten tauchen zwei Signets auf, die auf didaktische Hilfen oder Materialtips hinweisen.
Sie sollen den schnellen Überblick geben, bevor man sich ausführlich und gründlich auf ein Theama einlässt.
Sie bedeuten:

☛ Didaktische Anmerkungen, Tips für Lehrerinnen und Lehrer, Hilfen für den Einsatz, Anmerkungen der Autorin

✂ Anmerkung für benötigte Materialien, Hilfen bei der praktischen Durchführung

---

Die Deutsche Bibliothek – CIP-Einheitsaufnahme:

Die **Sinnen-Bücher** / hrsg. von Hertha Beuschel-Menze. – Lichtenau : AOL-Verl.
NE: Beuschel-Menze, Hertha [Hrsg.]

Grimm, Helga: Reim, Rhythmus und Bewegung. – 1. Aufl. –

Grimm, Helga
Reim, Rhythmus und Bewegung : Das ABC erleben / Helga Grimm. [Zeichn.: Andrea Armbruster]. – 1. Aufl. – Lichtenau : AOL-Verl., 1996
(Die Sinnen-Bücher)
ISBN 3-89111-352-8

Dieses Werk ist verfasst nach den Regeln der neuen deutschen Rechtschreibung und Zeichensetzung.

© AOL-Verlag · Waldstraße 17-18 · 77839 Lichtenau · Fon (07227) 95 88-0 · Fax (07227) 95 88 95

Satz und Umbruch:	AOL-Verlag, Scherzheim (Friedmann/Mertz)
Grafiken:	Helmut Oberst, Baden-Baden
Zeichnungen:	Andrea Armbruster
Umschlaggestaltung:	Isabelle Barth, Scherzheim
Druck:	Naber & Rogge, 77836 Rheinmünster
	Printed in Germany

Jahr:	2002	01	00	99	98	97	96		Bestell-Nummer: A352
Auflage:	7	6	5	4	3	2	1		ISBN: 3-89111-352-8

Helga Grimm – Mitarbeit & Beratung: Ingbert Grimm

Reim, Rhythmus & Bewegung

Das ABC erleben

INHALTSVERZEICHNIS

DAS ABC ERLEBEN

WAS TUN,
wenn wir Kinder haben, die hypermotorisch, aggressiv, unkonzentriert, nicht motivierbar, unaufmerksam sind?

BEWEGUNG IN DIE SCHULE BRINGEN!

Störungen abbauen und umwandeln in einem erlebnisorientierten und kindgemäßen Unterricht durch
• freche und ausgeflippte Reime
• Nonsens und Tiefsinn
• Buchstaben, die laufen können
• Sprache zum Stampfen, Hüpfen, Klatschen, Springen
• Wörter, die sich selbst darstellen

UNSER ZIEL:

Kinder, die eifrig noch mehr von der Welt der Buchstaben wissen möchten, weil dieses Lernen Spaß macht, anfeuert sich in den Unterricht einzubringen, weil es Träge von den Plätzen reißt, Lachen in die Schule und Lebensfreude ins Klassenzimmer bringt, Lehrerinnen und Lehrern neue Perspektiven für einen lebendigen Unterricht eröffnet.

I. RHYTHMUS, REIM UND VIEL BEWEGUNG

BEWEGUNG, ELEMENT DES LEBENS

Bewegung ist etwas ganz Elementares, ein kennzeichnendes Teil des Lebens. In Bewegung sein, heißt lebendig sein, auch in geistiger Hinsicht. Mit jeder weiterentwickelten Bewegung, vom Köpfchenheben, zum Umdrehenkönnen, Sitzen, Krabbeln, Stehen bis zum Gehen, mit jeder dieser Bewegungsmöglichkeiten erschließt sich das Kleinkind ein Stück Welt mehr.
Auch beim Eintritt in die Welt der Buchstaben und der Schriftsprache sollte das Kind seinem natürlichen Bewegungsdrang nachkommen dürfen. Kinder brauchen Bewegungsmöglichkeiten um sich entfalten zu können.

BEWEGUNGSMANGEL, EIN ZEICHEN UNSERER ZEIT

Sicher, es ist kein Novum mehr, wenn wir erwähnen, dass die Kinder unserer Zeit häufig an Bewegungsmangel leiden. Zu enge Stadtwohnungen, fantasielose, kleine Spielplätze bieten kaum genügend Raum für bewegungsreiche Spiele. Freizeitgewohnheiten wie Fernsehen, Beschäftigung mit Computerspielen, aber auch Nachhilfe- oder Musikstunden, oft durchaus sinnvolle und nützliche Dinge, tragen dazu bei, dass viele Kinder lange Zeit untätig und in oft ungesunder Körperhaltung sitzen müssen. Selbst die Wege zu den einzelnen Betätigungsstätten werden meist nicht mehr zu Fuß zurückgelegt, sei es wegen des für Kinder gefährlichen Großstadtverkehrs oder aus Zeitmangel oder Bequemlichkeit. Viele Kinder werden gefahren und müssen im elterlichen Auto oder in öffentlichen Verkehrsmitteln stillsitzen.

BEWEGUNG UND LERNSTRATEGIE

Es geht bestimmt über die Wirkungsmöglichkeiten unserer Schule hinaus, alle Schwierigkeiten unseres modernen Lebens zu kompensieren. Aber dem natürlichen, gesunden Bewegungsdrang unserer Schülerinnen und Schüler können wir zu einem Ausgleich verhelfen, indem wir ihn unseren Lernstrategien zugrunde legen. Kinder im Grundschulalter sind nach Aussagen vieler Erziehungswissenschaftler weitgehend kinästhetische Lerntypen, d. h. sie lernen durch aktives Handeln, Fühlen, Befühlen, Be-Greifen der Dinge, immer durch Bewegung, die ihre Form des Lernens begleitet.

BEWEGUNG IN DER SPRACHE

Im Rhythmus des einfachen Versmaßes des Kinderreimes wird selbst die Sprache zur Bewegung. Sie nimmt in ihrem ebenmäßigen Klang das Kind auf, wiegt es, beruhigt es. Wir kennen dieses Phänomen aus uralten Schlafliedern: „Schlaf, Kindlein, schlaf ... ". Das Gleichmaß der Sprache und die Zuverlässigkeit des Endreims können tröstend sein, hoffnungsvoll stimmen, beschwörend wirken: „Heile, heile Segen, drei Tag Regen, drei Tag Schnee, 's tut schon nimmer weh!" Verstärkt wird diese Wirkung noch durch die unterstützende Bewegung. Nimmt ein Erwachsener ein Kleinkind auf seine Knie und lässt es im Takt des Versmaßes auf und ab schwingen, während er das Gedicht „Hoppe, hoppe Reiter" spricht, erfährt das Kind gleichmäßige Sicherheit und lacht und ist glücklich, wenn der Reiter zum Schluss „plumps" macht, weil es weiß, dass man es nicht fallen lassen wird.

Kein Wunder, dass rhythmisches Bewegen in vielen Bereichen zur Therapie eingesetzt wird.

Bei den Spielliedern und Gedichten in diesem Buch erfahren die Kinder dieses Geborgenheitsgefühl im gemeinsamen Sprechen und Handeln ihrer Lerngruppe.

Die einfachen, manchmal lustigen, manchmal hintergründigen Inhalte und die oft unkonventionellen End-reime vieler Kinderverse machen die Sprache zu einem Medium, mit dem man spielen kann, das formbar und veränderbar ist. Sie wird mehr als nur ein Ausdrucksmittel, das man passiv aufnimmt. Festgefügte Sprachstrukturen geben ein Gefühl von Verlässlichkeit, das es zulässt den Inhalt bis hin zum Absurden zu verändern und zu variieren. Nonsens-Verse sind nicht umsonst bei Kindern so beliebt!

In einigen Texten wurden auch englische Wörter eingearbeitet. Sie sollen den Kindern zunächst über den Wortklang vermittelt werden, dann erst erhalten sie den geschriebenen Text. Aber wenn auch etwas problematisch beim Lesen, sind diese Wörter ein wesentlicher Bestandteil der Sprache unserer Schülerinnen und Schüler und werden nur zu gerne von ihnen verwendet. Kinder hatten immer und zu jeder Zeit ihre eigene Sprache. Man erinnere sich an Kinderreime wie „Ene mene mink mank". Anleihen aus dem Plattdeutschen fanden sich oft. Es klang so wunderbar exotisch. Unsere Kinder von heute leben in einer hochtechnisierten Welt, die sich häufig an der englischen Sprache orientiert. So sind englische Ausdrücke „in". Sie klingen so herrlich nach High-tech.

Viele Verse in diesem Buch lassen sich auch nach Melodien altbekannter Kinderlieder singen. Alle Gedichte kann man klatschen, stampfen, hüpfen oder in eine Spielhandlung umsetzen.

Auf diese Art und Weise können Kinder Sprache sinnlich erleben und in ihre ureigensten Bewegungsmuster umformen. Der gemeinsame Rhythmus lässt die Lerngruppe eine innere Harmonie finden, die das gemeinsame Lernen und Arbeiten positiv unterstützt.

ÜBERGÄNGE IN DEN VISUELLEN BEREICH

Wenn die Kinder mit dem Gleichmaß des Verses ruhig geworden sind, können wir sie auf ihrem Lernweg weiterleiten. Wir alle wissen, dass visuelle Lerntypen in unserem Bildungssystem die größere Chance haben erfolgreiche Schüler und Schülerinnen zu werden.

Mit kleinen Bewegungsabläufen, unterstützt durch die Farbe ihrer Wahl, führen wir die Kinder zum Visualisieren des bis dahin aus dem Klangbild des Gedichtes akustisch analysierten Buchstabens. In allen Kopiervorlagen werden die Texte in einer Umriss-Schrift vorgegeben, die den Kindern ein Nachspuren und Färben des zu erarbeitenden Graphems ermöglichen.

Mit großer Begeisterung gehen die Kinder immer wieder auf Buchstabensuche. Sie entdecken in einem akustisch und kinästhetisch erschlossenen Text die gesuchte, immer wiederkehrende Form und heben sie optisch hervor. So gewinnt der Buchstabe an Bedeutung, kann verinnerlicht und später wieder problemlos erinnert werden.

Im Buchstabenbilderbuch schließlich nehmen die Buchstaben selbst die Gestalt des Wortes an, das sie verkörpern. So werden Wörter aus abstrakten Zeichen außerordentlich anschaulich. Der ganzheitlich orientierte Lerntyp kann aus einem anschaulichen, verständlichen Ganzen einzelne Buchstaben herausanalysieren, verstehen und speichern.

MULTISENSORISCHE ERFAHRUNGEN

Zu jedem Buchstaben werden Gestaltungs- und Bastelaktionen angeboten, bei denen alle Lernsysteme aktiviert werden. Kleine Projekte laden zum Handeln ein, zum Entwickeln einer Sache, zum Schaffen von Sinnzusammenhängen. Auch im akustischen Bereich finden Sie viele Übungen und Spiele. So sind alle zu erschließenden Buchstaben und alle Lernwörter multisensorisch erfahrbar und treten nicht abstrakt und isoliert auf, sondern als Teil eines sinnvollen Ganzen.

LERNEFFEKT AUFGRUND EINES BESONDEREN ERLEBNISSES

Einmalige, besondere Erlebnisse bleiben unvergesslich. So dürfen Lerneffekte aufgrund solcher herausragender Erlebnisse auf keinen Fall unterschätzt werden. Es wird sich deshalb immer lohnen mit den Kindern nach neuen, attraktiven, aufregenden, weil vom Alltäglichen abweichenden, Lernwegen zu suchen.

Es ist unumstritten, dass bei olfaktorisch, gustatorischen Lerntypen der Reiz des Lernens und damit das prägende Erlebnis im gemeinsamen Genießen einer vielleicht sogar in der Lerngruppe zubereiteten Speise liegen kann. Bei diesen Kindern wird sich ein zunächst noch vollkommen abstrakt wirkender Buchstabe sicher unauslöschlich einprägen, wenn er seine charakteristische Form in der Gestalt von etwas Essbarem erhalten hat. Darum haben wir auch in diesem Buch Impulse für kleine Aktivitäten auf diesem Gebiet gegeben.

Noch ein Hinweis: Wir wechseln in diesem Band – der Einfachheit und Gleichberechtigung halber – männliche und weibliche Form beliebig ab.

Ach was!
Mach was!

Mach aus einer alten Schachtel
eine Himpel-Hampel-Bahn,
mach ein Himpel-Hampel-Auto
einen Himpel-Hampel-Kahn,
einen braven Apfelschimmel,
fahr mit Apfel-Papfel-Sprit
in das Land der Abenteuer,
nehme deinen Nachbarn mit!

 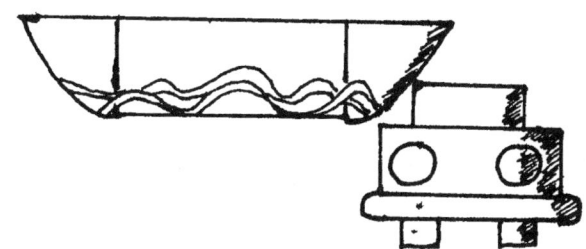

WIR BAUEN
DAS HIMPEL-HAMPEL-FAHRZEUG
Aus einem großen länglichen Verpackungskarton wird oben und unten eine Durchstiegsluke für den „Fahrer" oder „Reiter" herausgeschnitten. Rechts und links von dieser Luke bohren wir zwei Löcher für einen Tragriemen in die Schachtelränder. Nun können die Kinder „einsteigen" und sich das Gefährt über die Schultern hängen.
Mit allen möglichen kleinen Pappschachteln werden die Fahrzeuge, bzw. der Apfelschimmel noch aus-

gestaltet. Die Kinder bringen Scheinwerfer, Zierleisten, gegebenenfalls Pferdekopf und -schwanz an. Die Räder der Fahrzeuge dürfen durchaus auch aus eckigen Kartons bestehen, man kann sie dann besser abstellen.
Zum Schluss werden die Pferde und die Fahrzeuge noch bunt bemalt, dann kann das Spiel mit ihnen beginnen.

✂ Verpackungskartons und Schachteln in verschiedenen Größen, Klebstoff, gut deckende Farben.

SPIELEN MIT
DEM HIMPEL-HAMPEL-FAHRZEUG
Die verschiedenen Gruppen bewegen sich mit ihren Fahrzeugen und sprechen dabei:

Ratternd rast die Straßenbahn,
saust mit einem Affenzahn.
Rattattat, rattattat, rattattat ...

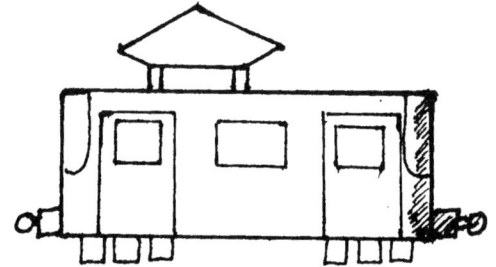

Knatternd plagt sich ab der Wagen,
er kann sogar Autos tragen.
Knattattat, knattattat, knattatat ...

Schwappend schwankt der alte Kahn,
schaukelt lustig Huhn und Hahn.
Schwappappap, schwappappap, schwappappap.

Klappernd trabt der Apfelschimmel
strahlend durchs Verkehrsgewimmel.
Klappappap, klappappap, klappappap.

Für das Spiel mit den vier verschiedenen Gruppen bieten sich vielerlei Variationen an:

Die Gruppe mit den entsprechenden Fahrzeugen bewegt sich durch den Raum, die anderen Kinder klatschen und stampfen den Rhythmus. Die Kinder bewegen sich um die Wette, einzelne Gruppen tauschen die Plätze, die Gruppenmitglieder üben bestimmte Formationen ein und und führen diese dann den anderen vor. Nicht vergessen sollte man aber auch das freie Spiel mit den Fahrzeugen und Pferden.

Wenn die Kinder vom „Herumfahren" etwas müde und durstig geworden sind, bekommen sie den Apfel-Sapfel-Sprit in Form von Apfelsaft.

Auf der Flasche können alle das Wort Apfelsaft sehen und das große und kleine A optisch und akustisch analysieren. Der süße, kühlende Saft, der daraufhin genossen wird, lässt die Arbeit zu diesem Buchstaben zu einem besonderen Erlebnis werden und hilft ebenfalls mit, ihn im Langzeitgedächtnis sicher abzuspeichern.

Mach mal ein A-Album!

Schneide buntes Tonpapier zurecht, so dass du kleine Buchseiten im Format DIN A6 (das hier ist DIN A6, eine Viertel DIN A4-Seite) oder noch kleiner erhältst.
Nun schreibst du auf noch kleinere weiße Seiten und malst oder klebst ein passendes Bild dazu. Die fertiggestellten
Bild- und Textseiten werden auf jeweils gegenüberliegenden bunten Buchseiten eingeklebt.
In alten Katalogen, Illustrierten, aber auch auf Werbeprospekten findest du sicher viele passende Bildchen.
Sind alle Buchseiten fertiggestellt, heftest du dein Album zu einem kleinen Buch zusammen.

Variation: Du nimmst ein kleines Leerbuch oder ein richtiges Album und gestaltest darin die Seiten aus. Auf diese Weise kannst du dir dein eigenes Lexikon mit allen deinen Lieblingswörtern von A bis Z anlegen.

✂ Tonpapier, weißes Zeichenpapier, Kataloge, Illustrierte, Werbeprospekte und so weiter, Farben, Klebstoff

☛ Von Druckereien und Kartonagenfabriken erhält man meist kostenlos Karton und Papier

Hier noch einige Beispiele, die du natürlich mitverwenden kannst.

Apfel

acht

Abend

Tanne

Tag

Mantel

Hase

Hampelmann

☞ Ganz fleißige Kinder könnten einen beweglichen Hampelmann in ihr Buch einbauen.

B b

Werft auf den Bi-Ba-Butzemann
mit bunten weichen Bällen.
Der Butzemann am Boden klebt
und sich nur oben stark bewegt,
bewerft den Bi-Ba-Butzemann
mit bunten weichen Bällen!

Bewerft den Bi-Ba-Butzemann,
zielt in den bunten Beutel!
Wenn alle Bälle fallen rein,
wird er bestimmt sehr glücklich sein.
Bewerft den Bi-Ba-Butzemann,
zielt in den bunten Beutel!

Das Spielgedicht wird gesprochen und der Rhythmus dazu geklatscht. Schließlich prellen die Kinder im Sprechrhythmus Bälle auf den Boden.

SPIEL ZU STROPHE 1:
Ein Kind spielt den Bi-Ba-Butzemann. Es steht in der Kreismitte. Die anderen versuchen nacheinander, den Bi-Ba-Butzemann mit Softbällen zu treffen.
Der Butzemann muss dabei fest auf seinem Platz stehenbleiben, er darf seinen Oberkörper jedoch beliebig biegen und winden, um den Softbällen auszuweichen. Wenn er nach fünf Versuchen nicht getroffen wurde, hat er die Spielrunde gewonnen und darf einen Nachfolger auswählen. Trifft eine Mitspielerin den Butzemann, darf sie diesen ablösen und selbst Bi-Ba-Butzemann spielen.

☛ Man muss wirklich sehr weiche Bälle verwenden! Der Radius des Kreises und damit der Abstand der Spieler zum Butzemann richtet sich nach der Wurf- und Zielsicherheit der mitspielenden Kinder.

SPIEL ZU STROPHE 2:
Der Bi-Ba-Butzemann und seine Mitspieler bilden ein Team. Man kann mit mehreren Gruppen einen Wettkampf austragen. Aus einer vorher festgelegten Entfernung müssen die Kinder Tennisbälle in einen Beutel werfen, den der Butzemann aufhält. Er darf versuchen die Bälle mit dem Beutel aufzufangen ohne sich dabei von seinem Platz fortzubewegen.

DAS BLI-BLA-BLUBBERGLAS
Ein einfaches Trinkglas wird mit bunten „B/b" beklebt, die die Kinder aus Folie ausgeschnitten haben. Danach dürfen sie sich in dem Glas eine Brause zubreiten.

☛ Wer's gesünder will, nimmt Mineralwasser mit frisch gepresstem Saft oder Zitronenlimonade!

Sehr schön sind auch Gläser, die mit einer größeren Folie beklebt werden, aus der die B-Form herausgeschnitten wurde. Die perlende Flüssigkeit ist dann in dem ausgeschnittenen B zu sehen. Hierzu brauchen die Kinder allerdings Hilfe. Man könnte solche Gläser auch an einem Elternabend herstellen, an dem man über „gesunde Ernährung im Kindesalter" ins Gespräch kommt.

✂ Wassergläser, sebstklebende Folien, Buchstabenschablonen zum Umfahren, Brause oder Mineralwasser

Im Blibber-, Blabber-, Blubberglas
da blubbern Brausebläschen.
Ein Blaserohr verstärkt den Spaß.
Bloß, blas dir nicht ins Näschen!

LUFTBALLONWETTBEWERB

Die Schülerinnen schreiben den unten stehenden Luftballontext auf eine Postkarte, die mit dem Absender der Klasse versehen, an einen mit Gas gefüllten Luftballon gebunden wird.

Für die zurückgesandten Karten fertigen die Kinder Bi-Ba-Butzemänner an.

✄ Luftballons, Gas, Schnüre, vorbedruckte Karten mit der Schuladresse, Rohwolle oder Watte, Filz, Faden

☛ Restgasmengen lassen sich bei Gashandlungen ergattern oder bitten Sie den Chemiekollegen um Wasserstoffgas.

Herstellung:

1. Ungesponnene Rohwolle zum Körper formen.
2. Umhang aus buntem Filz ausschneiden, an der Kapuze zusammennähen, Faden zum Raffen einziehen.
3. Umhang um den Watte-Butzemann legen, mit Faden raffen und zusammenbinden.

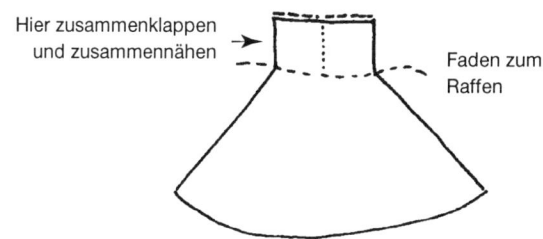

Zuschnitt zusammenklappen und zusammennähen.

☛ Das ist unser Text auf der Rückseite der Postkarte

Viele bunte Luftballons
lassen wir heut schweben.
Wer einen findet, möchte uns
doch bitte Antwort geben!
Als großen Dank bekommt
er dann den lieben
Bi-Ba-Butzemann.

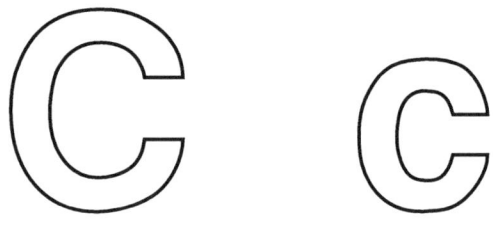

Kommt der Co-Pilot ins Cockpit,
spielt das coole Cleverlein,
denkt: Ich ahme meinen Chef nach,
dann wird alles richtig sein!

Lacht Pilot nun, lacht er lauter,
weint der Chef, dann jammert er.
Klickt Pilot Computerknöpfchen,
klickt der Co-Pilot noch mehr.
Bis Pilot den Co-Piloten
einen Chaosflieger nennt
vom Charakter Cockerspaniel,
dem im Kopf der Checkpoint brennt!

☛ Die Kinder lernen dieses Gedicht zunächst über das Hören, damit sie durch die unterschiedliche Sprechweise des „C, CH" und die englische Schreibweise einiger Wörter nicht irritiert werden.

Erst wenn sie das Gedicht mehrmals gesprochen und den Rhythmus geklatscht oder im Gehen gestampft haben, erhalten sie den Text zum Ausmalen des gesuchten Buchstabens.

Um Ähnlichkeitsfehler zu vermeiden und die Freude am Spiel mit der Sprache zu erhalten, dürfen Gedichte dieser Art niemals als Diktat geschrieben werden!

NACHAHMSPIELE

Pantomime

Ein Kind spielt den Piloten. Alle anderen ahmen seine Bewegungen so genau wie möglich nach. Vorher wird eine Handlung besprochen, die pantomimisch dargestellt werden soll.

Bewegungskette

Vier bis fünf Kinder werden vor die Tür geschickt. Die anderen Kinder denken sich eine Spielhandlung aus (z. B. einen Knopf annähen), die eines von ihnen einem der vor der Tür stehenden Mitspieler pantomimisch vorführen soll. Nacheinander werden die Kinder, die vor der Tür warten, hereingerufen und bekommen von ihrem Vorgänger vorgespielt, was dieser gesehen hat. Zum Schluss erklärt zunächst das erste und dann das letzte Kind, was es getan hat.

Tanzspiel

Der Spielleiter macht die Bewegungen eines Tanzes, z. B. Jazztanz, vor, die Kinder ahmen alle Bewegungen und Schritte genau nach.

Nachsprechspiele

Bekannte Spiele, wie das nachfolgend beschriebene, können von den Kindern variiert und gespielt werden.

Beispiel 1:
Der Vorspecher nennt jeweils ein Lebensmittel, ein Mitspieler soll den Begriff wiederholen und immer „Ich ka" davor sagen, z. B. Zucker, Ich ka-Zucker – Milch, Ich ka-Milch – Butter, Ich ka-Butter – Mehl, Ich ka-Mehl.

☛ Ein herzliches Lachen über den Ausspruch, der verstanden wird als: „Ich Kamel" befreit und steigert die Konzentration für ähnliche Spiele. Selbstverständlich unterscheiden sich hier Sprech- und Schreibweise, aber bei unserem Spiel wird nur gesprochen.

Beispiel 2:
Der Vorsprecher gibt kleine Sätze vor. Ein anderes Kind soll sie wiederholen und immer „ich auch" hinzufügen.
Max ist sehr gescheit – Ich auch.
Max hat viele Freunde – Ich auch.
Max spielt gerne – Ich auch.
Max hat Hunger – Ich auch.
Max öffnet den Kühlschrank – Ich auch.
Max holt den Käse heraus – Ich auch.
Der Käse stinkt – Ich auch.

Swinging Sprech-Chor

Ein langes Wort oder ein Vers wird von Kindern, die zu einem Sprechchor aufgestellt wurden, nacheinander ausgesprochen, so dass eine nachhallende Sprechwelle entsteht. Je nach Angabe des Dirigenten wird laut oder leise, schnell oder langsam, feierlich oder abgehackt gesprochen.

Zu Beginn teilt man den Chor in etwa 5 Gruppen ein, die wie beim Singen eines Kanons in einem räumlichen Abstand voneinander getrennt stehen. Die Lehrerin oder der Lehrer gibt nun nacheinander die Einsätze. Die erste Gruppen beginnt: ein Co-Pilot ... Während diese Gruppe weiterspricht, bekommt Gruppe 2 ihren Einsatz: Ein Co-Pilot ...
So beginnt eine Sprechgruppe nach der anderen, bis der Dirigent ein Zeichen zum Aufhören gibt.

Die Kinder stehen mit leicht gespreizten Beinen fest auf dem Boden, halten die Arme nach vorne oder nach oben und schwingen mit dem Oberkörper und den Armen im Sprachrhythmus mit. Die wellenförmige Bewegung im Auf und Ab der Sprache kann so sichtbar gemacht werden.

SPRÜCHE FÜR DEN SPRECHCHOR
Für den ersten Spruch mixen wir einen Caracas-Cocktail aus Ananas- und Orangensaft.

Ein Co-Pilot in Caracas
ist clever und kauft Ananas.
In Ca-Ca-Ca-Ca-Caracas
da kauft er eine Ananas.

Der Cock-Cock-Cock-Cock-
Cockerspaniel
zwickt in den Fuß ganz cool den Daniel.

Beim Cim- beim Cam- bei dem Computer
sitzt kein Chinchilla, glaub's mein Guter!
Beim Cim- beim Cam- bei dem Computer
sitzt eine Maus, ein freches Luder.

Clown Coco lacht nicht, Coco flucht,
weil er sein altes Cello sucht.
Clown Carlos hat es ihm versteckt,
Coco braucht lang, bis er's entdeckt.

D d

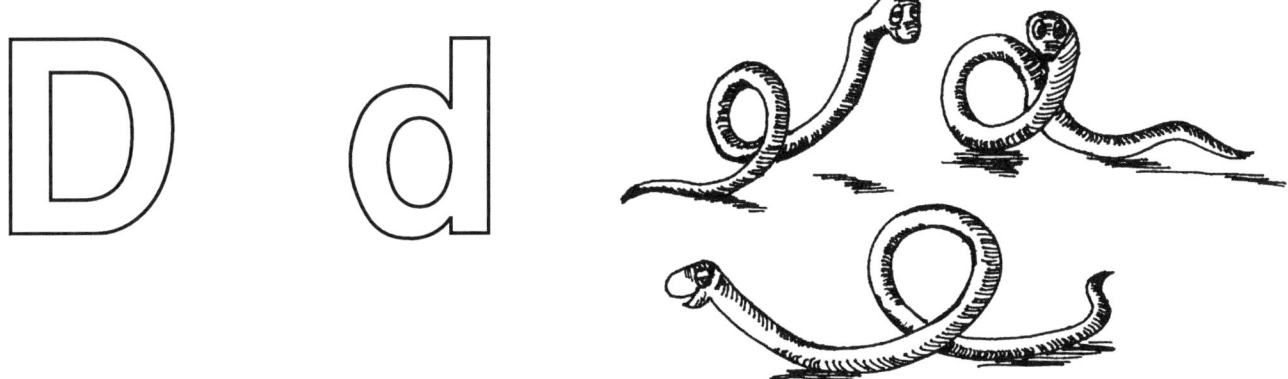

Drehwürmchen, Drehwürmchen
dreht euch, dreht euch!
Drehwürmchen, Drehwürmchen
dreht euch, dreht euch!
Drehwürmchen, Drehwürmchen
dreht euch, dreht euch,
dreht euch rundherum!

Dackelhündchen, Dackelhündchen
duckt euch, duckt euch!
Dackelhündchen, Dackelhündchen
duckt euch, duckt euch!
Dackelhündchen, Dackelhündchen
duckt euch, duckt euch,
duckt euch in dem Wald!

SPIELLIED
Das Lied wird nach der Melodie „Glühwürmchen, Glühwürmchen ..." gesungen und von den Kindern in spielerische Bewegung umgesetzt. Man kann dabei den Rhythmus stampfen und klatschen.

DREHWÜRMER-SPIELGESCHICHTE
Die Geschichte wird vom Spielleiter vorgelesen und beim wiederholten Lesen von den Kindern in Bewegung umgesetzt.

Die Kinder fassen sich an den Händen und bilden so die Drehtür. Die Drehwürmer müssen innerhalb der Drehtür mitgehen, um von einer Seite des Spielfeldes auf das andere zu gelangen. Dabei dürfen sie mit den „Drehtür-Kindern" keinesfalls in Berührung kommen.

Nach Möglichkeit sollten sie sich dabei auch noch um sich selbst drehen.
Nach jedem Durchgang wechseln sich die „Drehwürmer" und die „Drehtürkinder" ab.

**Dreizehn durchsichtige Drehwürmer
waren es gründlich überdrüssig,
durchsichtig zu sein.
Es war nicht schön, daß die anderen
alle durch sie hindurchsahen.**

**Deshalb beschlossen sie
eines Dienstagabends,
sich zur Drogerie zu drehen.
Dort wollten sie eine Medizin
gegen Durchsichtigkeit kaufen.**

**Nacheinander drehten sie sich
durch die große Drehtür der Drogerie.**

**Doch niemand konnte
die durchsichtigen Drehwürmer sehen.
Deshalb dachte auch niemand daran,
sie zu bedienen.
Da drehten
  und drehten
    und drehten
      und drehten
        und drehten
die dreizehn durchsichtigen Drehwürmer
sich wieder
        durch die große Drehtür der Drogerie hinaus –
genauso durchsichtig wie zuvor.**

SCHNECKENNUDELN
Wir fertigen einen Hefeteig an und drehen Schneckennudeln während das „Drehgedicht" gesprochen wird.

Rezept:
500 g Mehl, 1 Würfel Hefe, 70 g Zucker, 1 Ei, 125 g zerlassene, abgekühlte Butter, 200 ml lauwarme Milch.

Mehl in eine Schüssel geben, in eine Mulde die Hefe einbröseln, mit Zucker überstreuen, etwas warme Milch darüberschütten. Wenn der Vorteig gegangen ist, die übrigen Zutaten beifügen und den Teig so lange durchkneten, bis er sich von der Schüssel löst.
Den Teig auf das doppelte Volumen aufgehen lassen. Danach in kleine Portionen teilen, die von den Kindern durchgeknetet und mit beiden (gewaschenen) Händen zu einer langen Wurst gerollt werden.

Nun kann das Gedicht gesprochen und die Schneckennudel aufgerollt werden. Zimt und Rosinen in den Zwischenräumen lassen unser Gebäck köstlich duften und schmecken. Nach dem Backen werden die Schneckennudeln mit einem Zuckerguss überpinselt.

NUR NICHT DURCHDREHEN!
Die kleine „Drehscheibe" wird ausgeschnitten und auf einen festen Karton geklebt.
Die Kinder erhalten sie zusammen mit der schriftlichen Aufgabenstellung.
Zur besseren Durchgliederung Farben einsetzen lassen. Das ist vor allem wichtig bei Kindern mit einer
Rechtshirndominanz.

1. Farbe bis einschließlich „schwindle",
2. Farbe bis „es",
3. Farbe bis „kleine",
4. Farbe „Drehgedicht".

Damit die Kinder die richtige „Drehrichtung"
beim Schreiben einhalten, geben wir Spiralen
vor.
Gut geeignet ist die Darstellung in Blockschrift.
Die Kinder erfinden selbst Drehgedichte oder
Geschichten und schreiben sie schneckenförmig
auf ein rundes Blatt, das man auf einen Bierdeckel
kleben kann.

✂ Scheiben aus festem Karton in der Größe
   eines Bierdeckels oder Bierdeckel, Papier
   und Klebstoff

☛ Solche Drehscheiben sind ideal für Lernstationen oder für den Einsatz in Freiarbeitsphasen.

SPIRALEN ZEICHNEN
Sind Ihnen die freihandgezeichneten Spiralen nicht schön genug? Hier eine einfache Methode,
um sich eine Spirale zu konstruieren:

Grundprinzip der Konstruktion
Man zeichnet von den Eckpunkten eines Quadrates jeweils einen
Viertelkreis, dessen Radius nach jeder Vierteldrehung um die
Quadratseite verlängert wird.

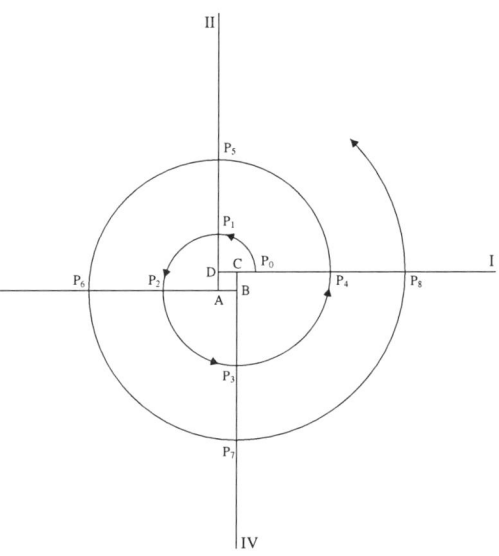

Ausführung
Man zeichnet ein Quadrat A, B, C, D von ca. 5 mm Seitenlänge und
verlängert je eine Seite so, wie auf der unten stehenden Zeichnung.
Beginnen wir zum Beispiel in D. Wir schlagen mit dem Zirkel einen
Viertelkreisbogen um D mit Radius z. B. 1 cm. Man erhält auf der
Linie C I den Punkt P_0 und auf der Linie D II den Punkt P_1.
Wir stechen nun in A ein und führen den Kreisbogen von P_1
in der angegebenen Richtung weiter. Wir erhalten auf der Linie A III
den Punkt P_2. Nun gehen wir weiter nach B und führen von
dort aus den Kreisbogen von P_2 weiter. Wir erhalten nun P_3 weiter.
Danach beginnen wir wieder in D und so fort.

Es entsteht eine Spirale, deren Radiusstände immer gleich sind.
Die Ausgangsmaße sind natürlich beliebig variierbar.

E e

Sechs entsetzte Erbsenkinder
kullern durch's Tunnel,
kullern durch's Tunnel,
sind sie wieder draußen,
wird es endlich hell.

Sechs entsetzte Erbsenkinder
poltern auf der Treppe,
poltern auf der Treppe,
sechs entsetzte Erbsenkinder
rollen in die Steppe.

Sechs entleerte Erbsendosen
scheppern auf der Erde,
scheppern auf der Erde.
Sechs entleerte Erbsendosen
sind lauter als zehn Pferde.

BEWEGUNGSPIEL: ERBSENKINDER
Die Schüler singen das Lied (Melodie: Fuchs, du hast die Gans gestohlen), dabei klatschen sie, gehen im Kreis und stampfen den Rhythmus.

In der Turnhalle bauen wir Hindernisbahnen auf, durch die die Kinder kullern, hüpfen, schlüpfen und poltern können. Jeder darf sich dabei als Erbsenkind fühlen!

ACHTUNG, KULLERERBSEN!
Konzentrationsspiel – ein Riesenspaß für Kinder!
Es gibt die komplizierte Ausführung mit Kurven und Windungen oder man verwendet einfach ein etwa 50 bis 60 cm langes Plastikrohr (Panzerschutzrohr vom Elektriker oder Abfallrohr vom Anschluss der Spüle), das schräg montiert wird, z.B. mit einem Stativ aus Physik (Neigungswinkel der Reaktion der Kinder anpassen). Am unteren Ende liegt eine Holzplatte. Der Spielleiter lässt nun von oben eine Erbse durch das Rohr kullern. Ein Kind, das seine Konzentrationsfähigkeit unter Beweis stellen möchte, lauert mit einem Holzhammer in der Hand darauf, dass die Erbse aus dem Rohr kommt. Blitzschnell muss es dann zuschlagen. Natürlich auf die Erbse!!!
Man kann dieses Spiel auch mit großem Erfolg bei Schulfesten einsetzen.

ZEITUNGSENTEN
Wir legen einen Weg aus Zeitungen kreuz und quer durch den Raum. Vielleicht schaffen wir es sogar, die Form einer großen Ente zu legen!
Unter einigen Blättern stecken die auf der nächsten Seite aufgeführten „Zeitungsmeldungen". Nun sprechen die Kinder das nachfolgende Gedicht und gehen dabei auf dem Zeitungsweg.
Bei der Aufforderung „steh!" bleibt jeder auf der Zeitung stehen, auf der er gerade angelangt ist und schaut nach, ob eine Mitteilung darunter verborgen ist. Nun setzen sich alle Mitspieler auf ihr Zeitungsblatt und lesen nacheinander ihren Text vor.
Die Mitspieler entscheiden durch Klatschen oder Pfeifen, ob es sich um eine zutreffende Information oder um eine Zeitungsente handelt.

☛ Der Begriff „Zeitungsente" muss natürlich vorher abgeklärt werden.

Gehe rege nette Wege!
Gehe auf dem Zeitungs-E!
Nun, behende, such' die Ente,
nenne: eins, zwei, drei,
und steh'!

ZEITUNGSNOTIZEN:
... ist der größte Junge.
... hat seinen Hals zum letztenmal an Ostern
    gewaschen.
... hat die längsten Haare.
... geht jeden Abend um fünf Uhr ins Bett.
... spricht fließend vier Fremdsprachen.

An Stelle der Punkte setzt jeder beim Vorlesen seinen eigenen Namen ein.

Diese Zeitungsnotizen werden von verschiedenen Schülergruppen im Deutschunterricht vorbereitet. Die Schüler und Schülerinnen müssen bei der Ausarbeitung darauf achten, dass die Texte keinen beleidigenden Inhalt haben dürfen. In einem Gesprächskreis werden sie deshalb vor der Reinschrift dahingehend von allen Beteiligten überprüft.

✂ Zeitungen, vorbereitete Blätter mit den „Zeitungsnotizen"

BEEREN ESSEN
Die Kinder pflücken frische Beeren, wenn es die Jahreszeit zulässt (sonst kaufen wir einige im Supermarkt oder nehmen tiefgekühlte).

Die Beeren werden auf einer Quark- oder Sahnefläche in der Form des Buchstabens E, e ausgelegt, ausgiebig betrachtet und schließlich „verinnerlicht".

E - BILDER
Das Herausfinden der ähnlich aussehenden versteckten Wörter ist ein Riesenspaß. Aber lassen Sie die Kinder solche Bilder nicht abschreiben – wegen der Ähnlichkeitshemmung. Etwas anderes ist es, wenn Kinder die Bilder selbst entwerfen.

Male selbst Bilder zum E!
Denke auch an Wörter wie Esel, Elefanten, Erdbeeren, Himbeeren, Brombeeren, eine Tonne Teer im Meer ...

In den Hecken stecken Schnecken

Was soll nur der Kaffee im Tee?

In meinem Beet die Beeren,
die werden saftig, süß,
in meinem Beet die Bären
verschwinden, wenn ich gieß'.

Im Sommer Klee,

im Winter Schnee

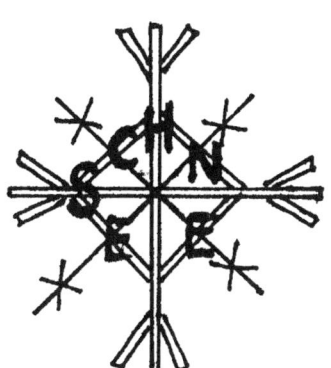

Die Fee badet im See!

Tip der Fee

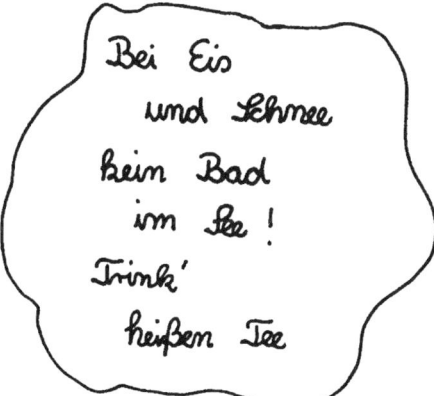

Im großen Meer,
da schwimmt ein Heer
von Fischen klein,
ein großer Fisch
und auch ein Tisch,
der muss nicht sein!
(Nur für den Reim)

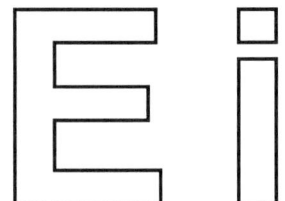 

Drei Eier im Eimer
im Eimer, im Eimer,
drei Eier im Eimer,
im Eimer. Wie fein!
Drei Eier im Eimer,
im Eimer, im Eimer,
drei Eier im Eimer,
im Eimer. Kreis' ein!

Eimer Eimer Eimer
Eimer Ei Eimer
Eimer Ei Eimer
Eimer Eimer
Eimer Eimer
Eimer Eimer
Eimer Ei

WURFSPIEL

Die Kinder werden in Gruppen eingeteilt. Jede Gruppe erhält einen Eimer, jedes Kind einen Tennisball, mit dem es aus einer bestimmten Entfernung Zielwurf übt. Nach einer angemessenen Übungszeit treten die Mannschaften zum Wettkampf an. Aus einer vorher genau bestimmten Entfernung werfen die Kinder jeder Mannschaft nacheinander ihren Ball in den Eimer. Nach dem Spiel werden die Bälle im Eimer gezählt. Jedem wird ein Ständchen gebracht, in dem besungen wird, wie viele Treffer erzielt werden konnten.

Variation:

Die Kinder versuchen drei Tennisbälle in einen Eimer zu werfen. Nach jedem Versuch werden die Treffer ausgezählt. Danach singen alle die zutreffende Strophe. Nehmen viele Kinder an dem Spiel teil, wird am Ende des Spiels die entsprechende Strophe für alle Schüler und Schülerinnen mit gleicher Anzahl von Treffern gesungen:

Kein Ei ist im Eimer,
im Eimer, im Eimer,
kein Ei ist im Eimer,
im Eimer, wirf's rein!
Kein Ei ist im Eimer,
im Eimer, im Eimer,
kein Ei ist im Eimer,
im Eimer. Oh nein !

In der zweiten Strophe singen die Kinder:
Ein Ei ist im Eimer ... Wie fein!

In der dritten und vierten Strophe heißt es dann:
Zwei Eier im Eimer ... Wie fein!
Drei Eier im Eimer ... Wie fein!
Melodie: Ein Loch ist im Eimer, Karl-Otto ...

AKTIONEN MIT EIERN

Wir kochen Eier und erfinden vor dem Aufessen verschiedene „Eierspiele", wie Eier rugeln oder Anzahlen von Eiern im Eimer schätzen.

Eier rugeln

Die Mitspieler lassen nacheinander ihre Eier einen kleinen Abhang hinunterrugeln oder rollen sie auf einer Wiese. Wer das Ei eines Mitspielers trifft, darf dieses aufessen.

Eier schätzen

In jeder Spielgruppe können drei oder vier Teilnehmer sein. Jeder von ihnen erhält zu Spielbeginn zwei Eier, die er unter einem Tuch versteckt. Er kann nun, während die Mitspieler wegschauen müssen, eines, keines oder beide Eier in einen mit einem Tuch verdeckten Eimer legen, während ein Spielleiter beobachtet, ob er dabei auch nicht unter das Tuch schaut. Danach nennt jedes der mitspielenden Kinder seine Schätzzahl. Wer genau errät, wie viele Eier sich im Eimer befinden, erhält sie alle und kann dann in der nächsten Spielrunde seinen Einsatz erhöhen.

☛ Wer nicht mit gekochten Eiern spielen möchte, kann dieses Spiel auch mit Tischtennisbällen oder „Eiern" durchführen, die aus Tonpapier ausgeschnitten wurden.

Ein Ei im Eimer

Ein Ei plumpst in den Eimer.
Dort bricht es glatt entzwei, o wei!!!
Prompt petzt ein kleiner Schleimer,
ei-ei, ei-ei, ei-ei, o wei!!!

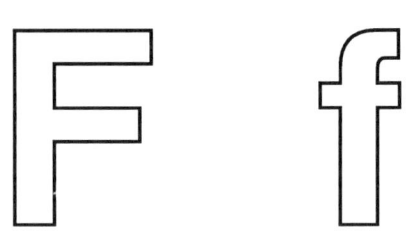 

Kam ein Fahrrad geflogen
durch die Luft im freien Fall,
bis sich öffnete ein Fallschirm
und fing auf das Flugmetall.

Kam ein Fleischwolf geflogen
durch die Luft im freien Fall,
bis sich öffnete ein Fallschirm
und fing auf das Flugmetall.

Kam ein Frachtschiff geflogen
durch die Luft im freien Fall,
bis sich öffnete ein Fallschirm
und fing auf das Flugmetall.

LIED: KAM EIN FAHRRAD GEFLOGEN

Wir singen und klatschen das Lied nach der Melodie „Kam ein Vogel geflogen" und erfinden weitere Strophen, in denen Dinge geflogen kommen, die mit „F" beginnen und aus Metall sind, wie zum Beispiel „ein Fallbeil, ein Feuerlöscher, ein Fingerhut ..."

Als weitere **Variation** wäre auch folgender Text denkbar:

> Kommt ein Fahrrad geflogen,
> fällt herab auf meinen Fuß,
> dann kann ich mich nicht mehr freuen,
> weil ich „au" rufen muss.

FREUT EUCH DES LEBENS

Wir erfinden peppige Strophen mit F-Wörtern, wir singen, klatschen und tanzen sie.

Freut euch des Lebens,
der Fruchtzwerg feiert ein Freudenfest,
freut euch vergebens,
weil er sich nicht aufessen lässt.

Freut euch des Lebens,
die Fleischwurst feiert ein Freudenfest,
freut euch vergebens,
weil sie sich nicht aufessen lässt.

☛ Weitere Strophen können mit Wörtern wie „Ferkel, Pommes frites, Fleischsalat ....." gesungen werden. Die Kinder werden viel Spaß am Erfinden haben! Bei einem Fest werden viele F-Dinge verspeist. Selbstverständlich schreiben die Kinder vorher eine Speisekarte und markieren alle F, f mit ihrer Lieblingsfarbe.

SPIELE MIT DEM SCHWUNGTUCH

Die Kinder werfen mit einem großen Fallschirm-Schwungtuch einen Ball hoch und versuchen ihn immer wieder aufzufangen.

WÖRTER AUS DER WÖRTERFABRIK

In der Wörterfabrik war eine Maschine falsch programmiert. Sie hat einige Wörter falsch zusammengefügt, so dass nun gleiche Wortteile übereinanderliegen. Gebraucht werden pfiffige Wortmechaniker, die unsere Wörter wieder entwirren.

OHR**FEIGEN**BAUM   OHR**FEIGEN** und **FEIGEN**BAUM

AFFEN**ZAHN**ARZT   ....

FALL**SCHIRM**MÜTZE   ....

HERBST**LAUB**FROSCH   ....

FLASCHEN**POST**BOTE   ....

FLASCHEN**ZUG**FÜHRER   ....

ABEND**ROT**FUCHS   ....

FAHNEN**MAST**DARM   ....

FLEISCH**WOLF**SPELZ   ....

KNIE**FALL**OBST   ....

SAFT**FLASCHEN**HALS   ....

HILFE**RUF**MORD   ....

ELEFANTEN**RÜSSEL**SCHWEIN   ....

PFERDE**FUSS**BALL   ....

STEIFF**TIER**KÄFIG   ....

G g

Die Grüngnome gehn,
wenn die Geige singt,
und die Gelbgnome gehn,
wenn die Glocke erklingt.

Sie gehen ganz leise,
gespannt und geduckt,
denn der große, der garstige
Graugnom, der guckt.

Und wenn einer noch geht,
wenn die Töne verhallen,
dann ist der gefangen,
dem Graugnom verfallen.
Dann wird er Gehilfe
des grauen Gesellen
und muss in die Graugnomenreihe
sich stellen.

SPIEL DER GNOME

Die Kinder werden in zwei Gruppen eingeteilt: in die Gruppe der Grüngnome und die Gruppe der Gelbgnome. Sie erhalten zur Kennzeichnung entsprechende Mannschaftsbänder.

Eine Schülerin oder ein Schüler übernimmt die Rolle des Graugnoms, zwei andere Kinder übernehmen die Glocke oder die Geige. Wenn niemand Geige spielen kann, legen wir ein entsprechendes Musikstück in einen Tonträger, den das betreffende Kind dann ein- und ausschaltet.

Die Kinder sprechen das Gedicht zunächst. Dann klatschen sie es und stampfen den Rhythmus beim Umhergehen. Schließlich wird die Spielhandlung ausgeführt.

☛ Sind keine Mannschaftsstreifen vorhanden, kennzeichnen wir die Kinder mit entsprechend eingefärbten Blättern aus starkem Papier oder Pappe, die mit einem Band versehen, umgehängt werden können.

SPIEL DER GESPENSTERCHEN

Während die Kinder den unten stehenden Vers sprechen, bewegen sie sich frei im Raum. Beim Stichwort „Haus" am Ende der Aufforderung: „Schnell, huscht in euer Haus!" springen alle schnell in ihr Gespensterhaus. Hierfür legen wir Gymnastikreifen aus, immer einen weniger als mitspielende Kinder. Da die „Gabi" sich aber auch einen der Reifen ergattert, bekommt bei jedem Durchgang ein Mitspieler keinen Reifen. Wer keinen Reifen mehr erwischt, wird in der nächsten Runde Gabi Gespensterschreck.

☛ Falls einige Kinder sich nicht ernsthaft darum bemühen in einen der Reifen zu kommen, weil sie immer gern Gabi Geisterschreck sein wollen, können wir die Spielregel ausgeben, dass Kinder, die zum drittenmal kein „Haus" mehr finden, ausscheiden müssen. Wählen wir die Form des „Ausscheidungsspiels", werden wir jedesmal, wenn ein Kind das Spielfeld verlässt, einen Reifen vom Spielfeld nehmen!

Gespensterchen, Gespensterchen
fliegt nur ein wenig aus!
Die Gabi scheucht euch alle weg.
Schnell, huscht in euer   Haus!

GRUSEL, GRUSEL,
SCHAURIG SCHÖN,
WENN GESPENSTER GEISTERN GEHN.
Die Kinder malen ein „Anti-Gruselbild" in Wachskratztechnik. Hierzu werden verschiedenfarbige Felder eines Blattes kräftig deckend mit Wachsmalstiften eingefärbt. Nach dem Überpinseln mit schwarzer Tusche können die Schüler und Schülerinnen die schaurigschönen Dinge herauskratzen und beschriften.

Wenn dann die gruseligen Dinge und der Schriftzug ihres Namens bunt aus dem nachtschwarzen Untergrund herausleuchten, dürften sie für die kleinen Maler ihren Schrecken weitgehend verloren haben.
Vorschlagsliste: „Gruselwörter":
Gespenst, Geist, Ungeheuer, Gift,
Würgeschlange, Burgverlies,
Gefängnis, Grauen, Angst, Graugnom, Gewitter
...

DAS GLÜCK MALEN
Die Kinder machen Seifenblasen und bewundern wie immer bei diesem Spiel ihre Farbenpracht und bedauern, wenn sie zerplatzen. Wir vergleichen die Seifenblasen in einem anschließenden Kreisgespräch mit dem Glück. Nun malt jedes Kind mit leuchtend bunten Farben einen Kreis aus und schreibt hinein, was es sich als sein größtes Glück vorstellt.
Zum Schluss werden diese haltbaren Seifenblasen auf ein schwarzes Tonpapier geklebt.
In ihrer schönsten „Sonntagsschrift" schreiben die Kinder das kleine Gedicht (siehe unten), das sie ebenfalls bunt ausgestalten und dazukleben. Wunderschöne farbige Schreibbögen kann man sich leicht selbst herstellen, indem man auf einen Karton mit nichtsaugender vergüteter Oberfläche beliebig die Farbskala aus dem Wasserfarbenkasten auftragen lässt. Nun legt man die weißen Schreibbögen darauf und streicht mit der Hand darüber. Man wiederholt dies solange mit weiteren Bögen, bis der Farbvorrat aufgebraucht ist. Man erhält fantastische Farbspiele auf den Blättern, die sich dann sehr gut handschriftlich oder mit dem Drucker des PCs bearbeiten lassen.

Das Glück gleicht einer Seifenblase.
Es fliegt dir einfach zu.
Doch willst du mit Gewalt es fassen,
zerbricht es dir im Nu.

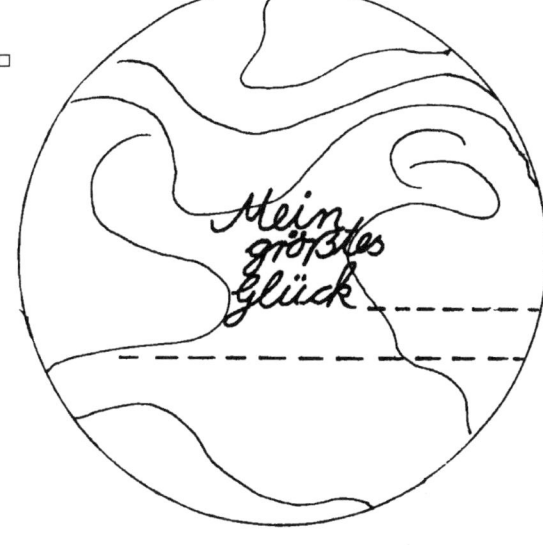

Hh CH ch
Sch sch

In der Hungerbucht
haust ein schlimmer Hai,
doch dem Heringsschwarm
ist das einerlei,
denn im hohlen Fass
ist das Heringsheim,
wenn der Haifisch kommt,
huscht der Hering rein.

Auf dem Hühnerhof
herrscht der Hütehund,
doch dem stolzen Hahn
wird das bald zu bunt,
holt sein Hühnervolk
in das Hühnerhaus,
hat er alle drin,
kräht er frech heraus.

Färbe auf dem vorhergehenden Blatt alle H, h **gelb**, alle CH, ch **orange**, und alle Sch, sch **rot**.

FANGSPIEL:
IN DER HERINGSBUCHT
Ein Kind spielt den Hai, der die Heringe fangen muss. Vorher wird vereinbart, wo sich das „Fass" befinden soll, das kann z. B. auf einer Matte sein oder zwischen zwei Kästen oder an einem ähnlichen Platz. Dort kann man auf jeden Fall nicht gefangen werden. Allerdings muss man im Fass laut bis zehn zählen und dieses dann wieder verlassen.
Wer während des Spielverlaufs abgeschlagen wird, verwandelt sich in eine Wasserpflanze und setzt sich als Hindernis für den Hai auf den Boden. Das heißt: die Wasserpflanzen dürfen ihre Arme ausstrecken, so dass der Hai in einem großen Bogen um sie herumschwimmen muss. Stehen einige Wasserpflanzen dicht beieinander, können sie sogar eine Mauer bilden, indem sie sich an den Händen fassen. Die Heringe werden natürlich durchgelassen. Wer als letztes gefangen wird (man kann auch eine bestimmte Zeit mit einer Stoppuhr oder einem Kurzzeitwecker festlegen) ist Sieger und darf im nächsten Durchgang der Hai sein.

☞ Die Zeit sollte den Schülerinnen und Schülern nicht bekannt sein, weil sich sonst eventuell in diesem Zeitraum alle fangen lassen wollen!

FANGSPIEL: AUF DEM HÜHNERHOF
Bei diesem Spiel ist es der Hofhund, der seine Mitspieler fangen muss. In das Hühnerhaus muss man sich allerdings vom Hahn bringen lassen. Hierzu kann der Hahn auch eine Kette mit mehreren Kindern bilden. Es sollten aber nicht mehr als fünf Kinder gleichzeitig ins Hühnerhaus gebracht werden. Wer in der Kette ist, darf nicht gefangen werden. Wer im Hühnerhaus ist, muss langsam bis zehn zählen, dann muss er es wieder verlassen.

Haifischsong (nach der Melodie von Mecki Messer)

Hach, der Haifisch, der hat Zähne
und die hat er im Gesicht,
doch will er den Hering fangen,
dann kriegt er ihn leider nicht,
doch will er den Hering fangen,
dann kriegt er ihn leider nicht!

Denn der Hering schwimmt nach Hause
in sein schönes Heringsheim,
und der Haifisch träumt vom Schmause,
denn ins Heim kann er nicht rein,
und der Haifisch träumt vom Schmause,
denn ins Heim kann er nicht rein.

KONZENTRATIONSSPIEL

Hoppelnde Hasen hüpfen ins Haus – und ins Haus – und ins Haus – und heraus – und heraus – und ins Haus – und ...

Der Spielleiter variiert die Reihenfolge von „ins Haus" und „heraus" beliebig. Bei den Worten „und ins Haus" stecken die Kinder Daumen und Zeigefinger der einen Hand in die geschlossene Faust der anderen, bei „heraus" lassen sie die Finger wieder los und halten sich die Hände wie Hasenohren an den Hinterkopf. Wer einen Fehler macht, muss ein Pfand abgeben. Zur Erschwerung kann der Spielleiter irreführende Bewegungen machen.

Zum Auslösen des Pfandes muss man etwas tun, das mit „h" beginnt, z.B. husten, humpeln, hinken, hüpfen, heulen, sich herumkugeln, herumhampeln ...

EIN BUNTER HERINGSSCHWARM

Kleine Fische werden ausgeschnitten, bunt ausgemalt und mit einem H-Wort beschriftet. Zum Schluss werden alle diese kleinen Fischchen auf einem großen blauen Tonpapier nach dem Vorbild von L. Lionnis „Swimmy", (Middelhauve-Verlag). zu einem einzigen großen Fisch angeordnet.

Die H-Wörter können dem aktuellen, erarbeiteten Wortschatz der Klasse entnommen oder aus einem Lexikon herausgesucht werden. Man kann auch spezielle Wörter zum Üben von Wörtern mit Dehnungs-h vorgeben.

✂ Zeichenpapier, Farbstifte,
   blaues Tonpapier DIN A2

H-FISCHE

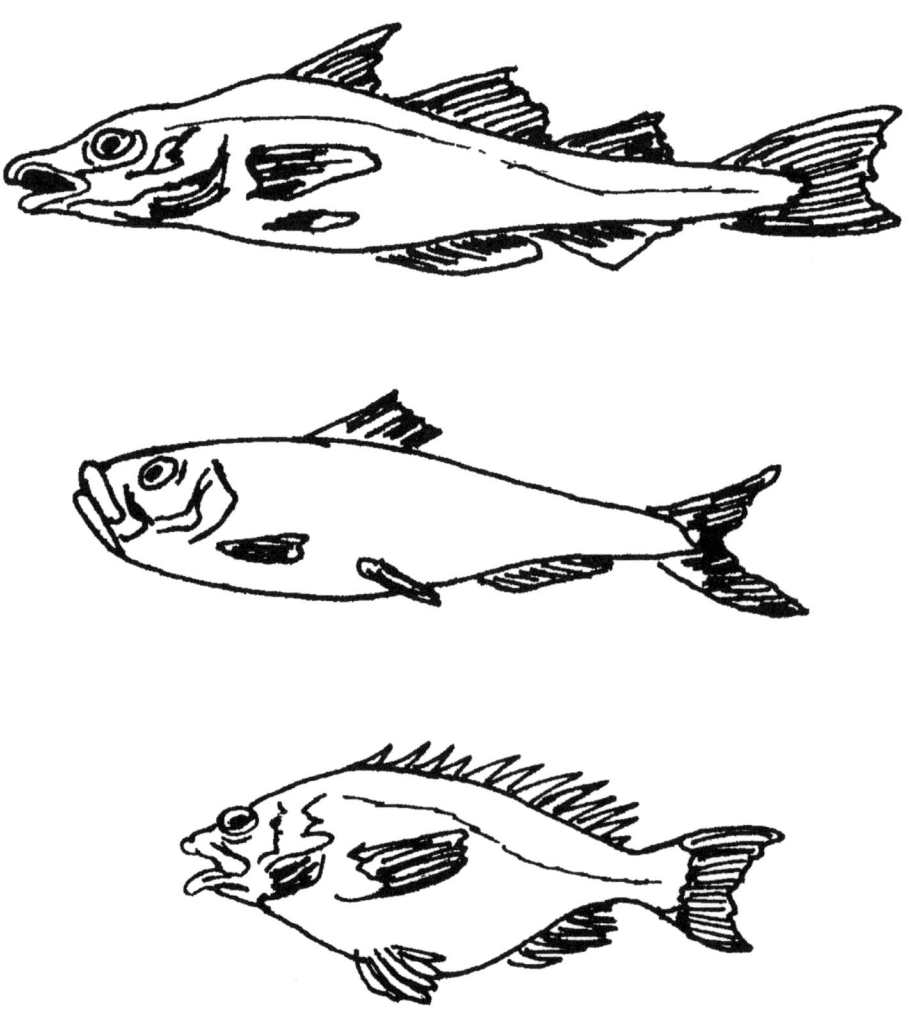

I i

Um die Insel Illibilli
schwimmen viele Fische.
Auf der Insel Illibilli
sitzt Isabell am Tische.

**Isabell, der wilde Wicht,
zu den flinken Fischen spricht:**

Alle Fische
halten still,
weil ich es will.
Frischer Fisch
auf den Tisch.
Ich will dich!

Spielidee zum Gedicht Illibilli:
Die Kinder bilden einen großen Kreis. Sie gehen um Isabell, die in der Kreismitte sitzt, herum und machen dabei Schwimmbewegungen. Alle Kinder sprechen die erste Strophe gemeinsam, bis die Worte Isabells kommen.
Wenn Isabell sagt: „Alle Fische halten still", müssen sich alle auf den Fußboden setzen. Isabell spricht die 2. Strophe langsam zu Ende. Schließlich ruft sie das Wort „dich" laut und drohend aus. Erst jetzt dürfen die „Fische" davonlaufen, während Isabell versucht, sie zu fangen. Wer gefangen wird, ist in der nächsten Spielrunde Isabell auf der Insel.

☛ Wenn aufgrund dieser Spielregel immer nur die besten Freunde oder Freundinnen gefangen werden, kann man auch so spielen lassen, dass das Kind, das als letztes gefangen wird, Isabell sein darf.

Variation für ein Spiel im Klassenzimmer:
Isabell fängt keines der mitspielenden Kinder, sondern dreht eine leere Flasche oder einen Kegel in der Kreismitte. Das Kind, auf das der Flaschenhals oder der Kopf des Kegels zeigt, wird Isabell.

TINTENFISCHE
Wir singen das „Tintenfischlied" nach der Melodie von „Alle meine Entchen".

Mini-Tintenfische
schwimmen auf Papier,
schwimmen auf Papier,
wenn ich sie nicht verwische,
dann bleiben sie auch hier.

Die Kinder rühren mit blauer Wasserfarbe „Tinte" an.
Mit dem Pinsel werden dicke Farbkleckse auf das Papier gespritzt und zu „Tintenfischen" vermalt.
Bei diesem Thema können wir auch „Wellen" schreiben. Auf ein blau eingefärbtes Blatt malen die Kinder dunkelblaue Wellen. Eine Fischschablone aus dünnem Karton wird ausgeschnitten und als Vorlage für die Gestaltung einiger Fische in Rottönen verwendet. Den roten Fischen werden Schuppen aufgemalt, so dass die Kinder an ihnen das Schreiben kleiner Bögen üben können.

„IE"- TIERE

Vielfraß, Zierfisch, Stinktier, Faultier
Biene, Fliege, oder Stier,
zier dich nicht, mach mit und bau hier
aus Papier ein „ie"- Tier.

Die Umrisse der ie-Tiere werden auf einen festen, Zeichenkarton übertragen. Danach werden die Tiere ausgeschnitten.

Achtung! Die Faltkante darf nicht zerschnitten werden. Nach dem Anmalen können die Schüler und Schülerinnen die Tiernamen (siehe Text) ausschneiden und auf die Spielfiguren kleben oder die Tiere selbst beschriften. Strenggenommen ist Saurier kein ie-Tier. Aber der Saurier ist so beliebt, dass wir das nicht so eng sehen wollen!

✂ Farben, fester Zeichenkarton
☞ Als Differenzierungsmaßnahme suchen die Kinder aus dem Wörterbuch noch andere Tiernamen mit „i", fertigen Klapptiere an und beschriften diese.

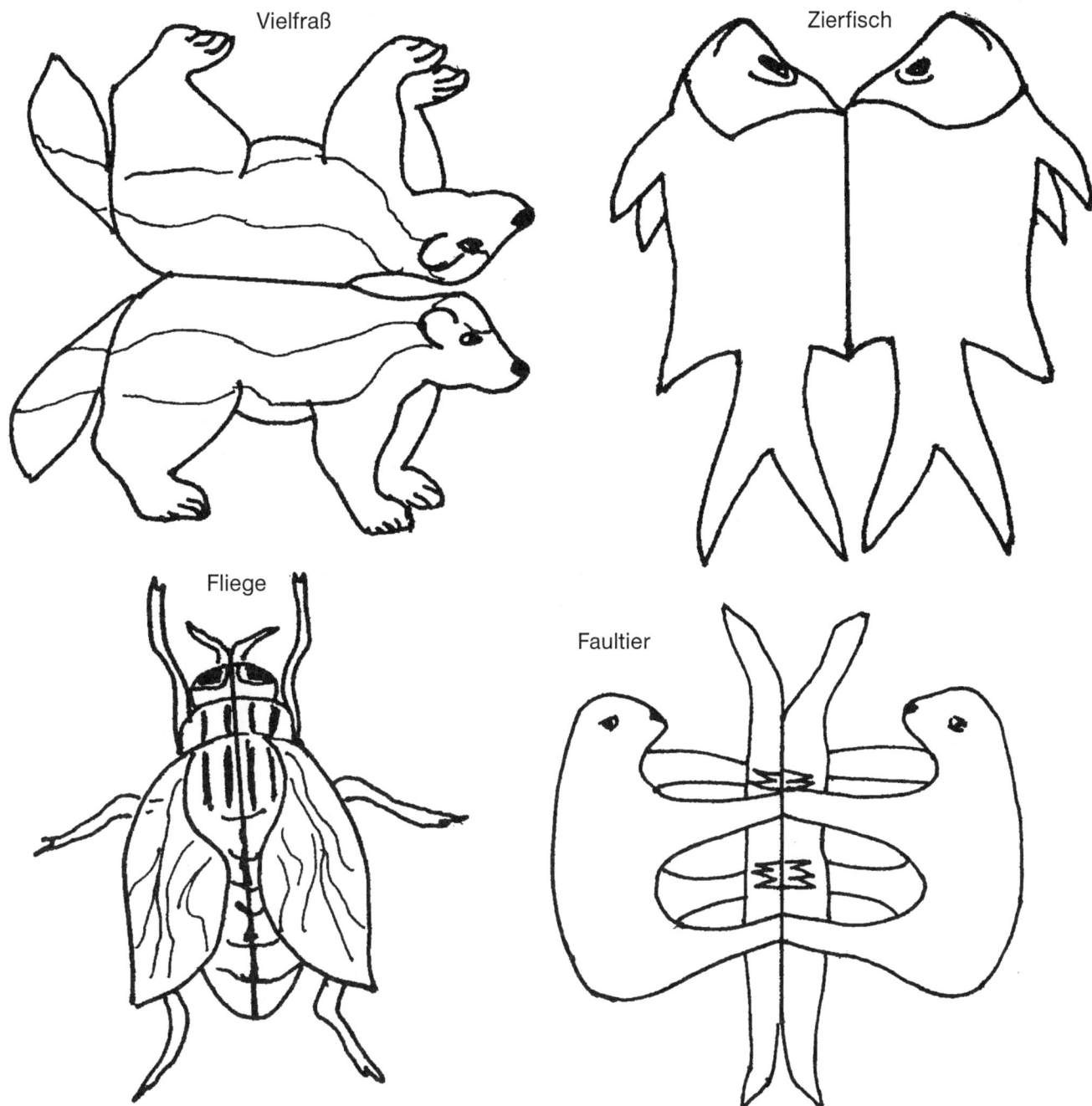

Vielfraß

Zierfisch

Fliege

Faultier

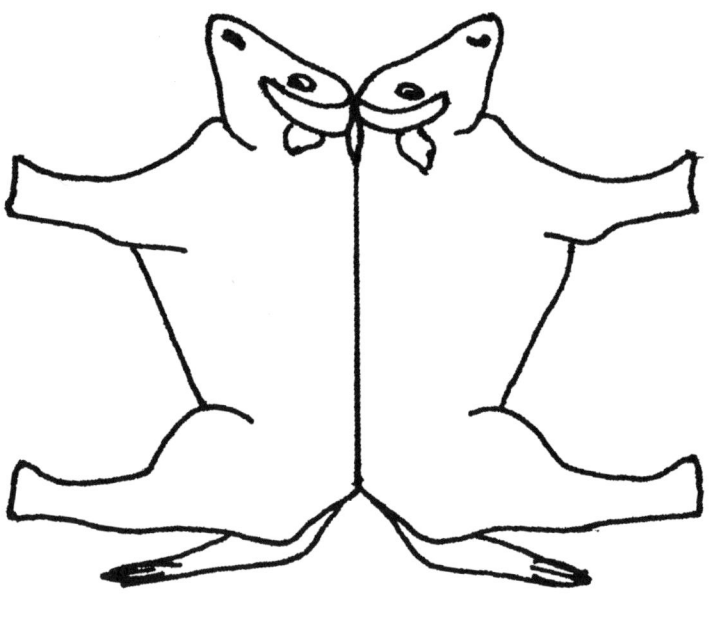

Stier

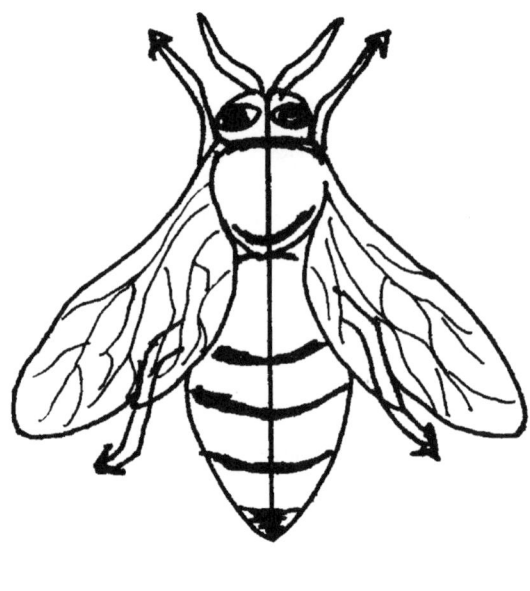

Biene

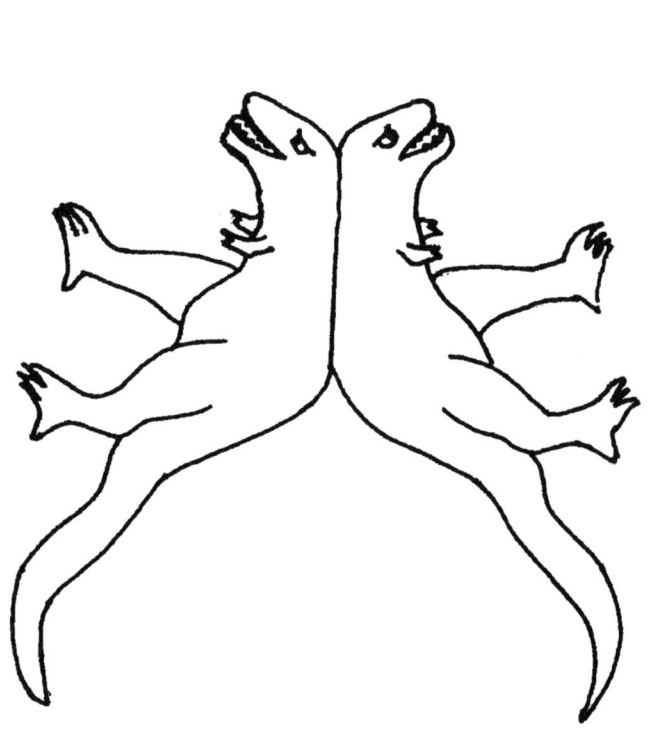

Saurier

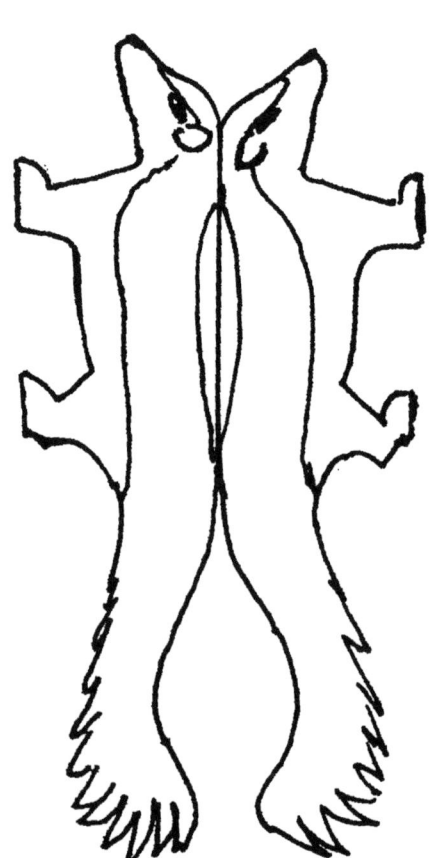

Stinktier

J j

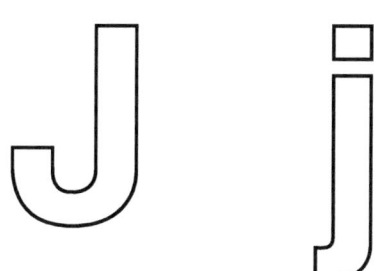

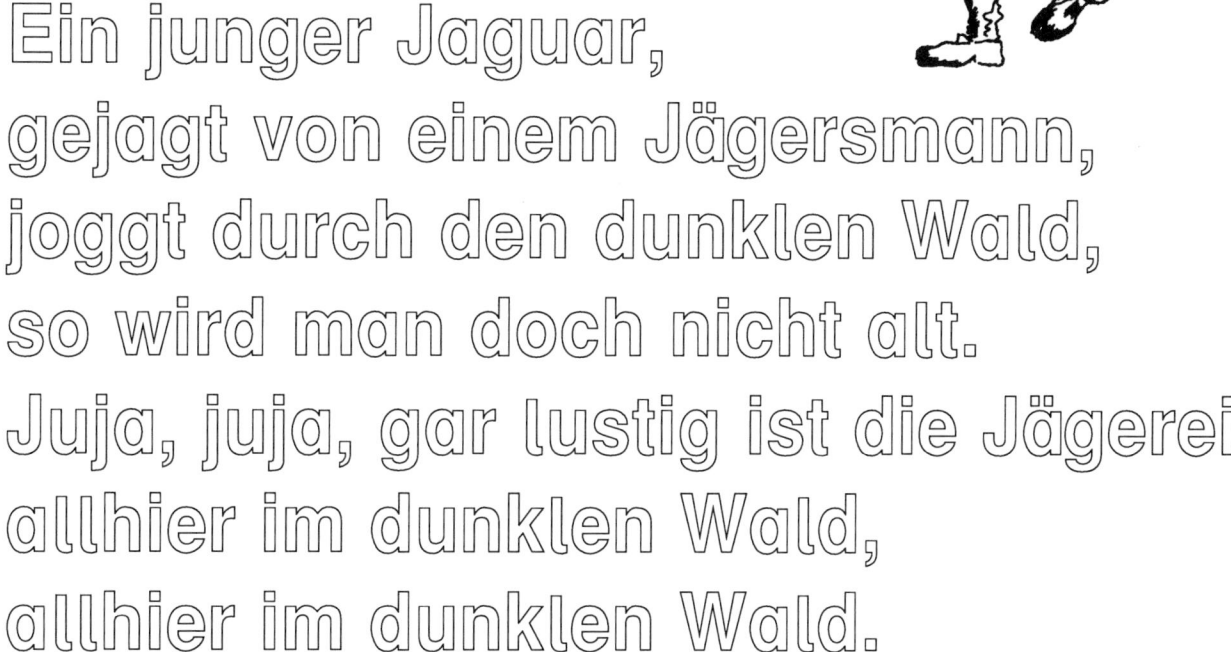

Ein junger Jaguar,
gejagt von einem Jägersmann,
joggt durch den dunklen Wald,
so wird man doch nicht alt.
Juja, juja, gar lustig ist die Jägerei
allhier im dunklen Wald,
allhier im dunklen Wald.

Der junge Jaguar,
der jumpt auf einen hohen Baum,
der Jäger joggt vorbei,
der Jaguar ist frei.
Juja, juja, gar lustig ist die Jägerei
allhier im dunklen Wald,
allhier im dunklen Wald.

Die Jacke unterm Kopf,
so schläft der müde Jäger ein,
der Jaguar schleicht her
und stiehlt das Jagdgewehr.
Juja, juja, gar lustig ist die Jägerei
allhier im dunklen Wald,
allhier im dunklen Wald.

Ein junger Jaguar,
der jagt jetzt einen Jägersmann
allhier im dunklen Wald,
so wird man doch nicht alt!
Juja, juja, gar lustig ist die Jägerei
allhier im dunklen Wald,
allhier im dunklen Wald.

JAGUARSPIEL

Das Lied vom jungen Jaguar wird nach der Melodie von „Ein Jäger aus Kurpfalz" gesungen. Ein Kind spielt den Jaguar, der zunächst vom Jäger verfolgt wird und diesem dann selbst nachstellt.

Das Lied sollte zuerst gesungen und gespielt werden, dann erst erhalten die Kinder den Text. So wird eine Überforderung durch die englische Aussprache des Buchstabens bei den Wörtern „jumpt und joggt" vermieden. Jumpen und joggen gehört zwar zum täglichen Sprachgebrauch der Kinder, würde beim Erlesen jedoch zu Fehlern führen (Ähnlichkeitshemmung!).

☛ Die Schülerinnen und Schüler spielen das Lied auch gerne als „Endlos-Song", bei dem sich Verfolger und Verfolgter immer wieder abwechseln. Da sich diese Version nicht so gut zu einer Vorführung eignet, stehen sie hierbei im Kreis um die beiden Darsteller, die nun auch immer wieder ausgewechselt werden können.

Besonders großen Spaß an der Situationskomik haben sie, wenn der Jaguar die Jacke des Jägers anzieht und diesen mit dem Jagdgewehr in den „Pfoten" verfolgt.

Kulissen:

Ein oder zwei Bäume, die zum Beispiel aus Palmwedeln bestehen können, die man aus Krepp-Papier und Drähten herstellt und dann auf einen Kartenständer

steckt. Noch besser wirkt der Baumstamm, wenn man ein Stahlrohr mit Krepp-Papier umwickelt und dann in den Fuß eines Kartenständers stellt. Der Jaguar rettet sich auf einen mit Tüchern verkleideten Hocker oder auf einen abgesägten Baumstumpf.

Kostüme:

Der Jäger braucht einen großen Hut, eine grüne oder braune Jacke und ein Jagdgewehr aus Holz oder Pappe. Der Jaguar trägt eine Papiermaske (AOL-Verlag Nr. V532. Es gibt auch noch andere Wild- und Haustiere.)

JAZZBAND IM URWALD

Die Kinder sprechen den Vers und klatschen im Takt des Versmaßes. Verschiedene Körper- und einfache Handinstrumente werden zur Verstärkung des Sprechrhythmus' eingesetzt.

Die Rhythmusgeräusche der Kinder gehen in einen vom Tonträger abgespielten Jazztanz über. Alle Schülerinnen und Schüler tanzen mit. Sollen die Bewegungen synchron verlaufen, wird der Jaguar Vortänzer. Hinter ihm stehen und tanzen dann Jäger und Braut, erst hinter diesen jazzt der Sprechchor.

Die Jazzband spielt im Urwald und alles jubelt laut.
Der Jäger lässt den Jaguar, tanzt mit der jungen Braut.

JA-NEIN-SPIEL

Ein Gegenstand muss aufgrund des Formulierens von Entscheidungsfragen, die nur mit „ja" oder „nein" beantwortet werden dürfen, erraten werden.

Der Spielleiter kann anstelle der Antwort auch eine Ja- oder eine Nein-Karte hochheben.

Dieses Spiel eignet sich gut als Wettspiel.

Version a: Einzelne Schülerinnen oder Schüler spielen gegeneinander. Sieger ist, wer für die Lösung seines Rätsels am wenigsten Fragen benötigt.

Version b: Die ganze Gruppe beteiligt sich mit Fragen. Sieger wird dann, wer als Erste oder Erster das richtige Lösungswort nennt.

Das Lösungswort wird vom jeweiligen Spielleiter vor dem Spiel auf eine Karte geschrieben, die dann zur Bestätigung der richtigen Antwort hochalten wird.

JOHANNISBEERENJAGD

Wir vermischen Joghurt mit Ananasstücken und Ananassaft und geben pro Tischgruppe eine Johannisbeere dazwischen. Wer nach dem Verteilen die Beere in seinem Teller findet, ist Jagdkönig.

Die Kinder können ihm als Zeichen für seine Würde den Johannisbeerenjagdkönigorden verleihen.

WÜRFELSPIEL: DIE JAGD NACH DEM ROTEN JUWEL

Für das Würfelspiel braucht man:

Für jeden Spieler eine Spielfigur und einen Würfel.

Den Spielplan auf Seite 45, den man bunt ausmalen lassen kann.

☛ Es ist sinnvoll, den Spielplan vor dem Ausmalen für alle Tischgruppen zu kopieren. Fertige Spielpläne können in Folie eingeschweißt werden.

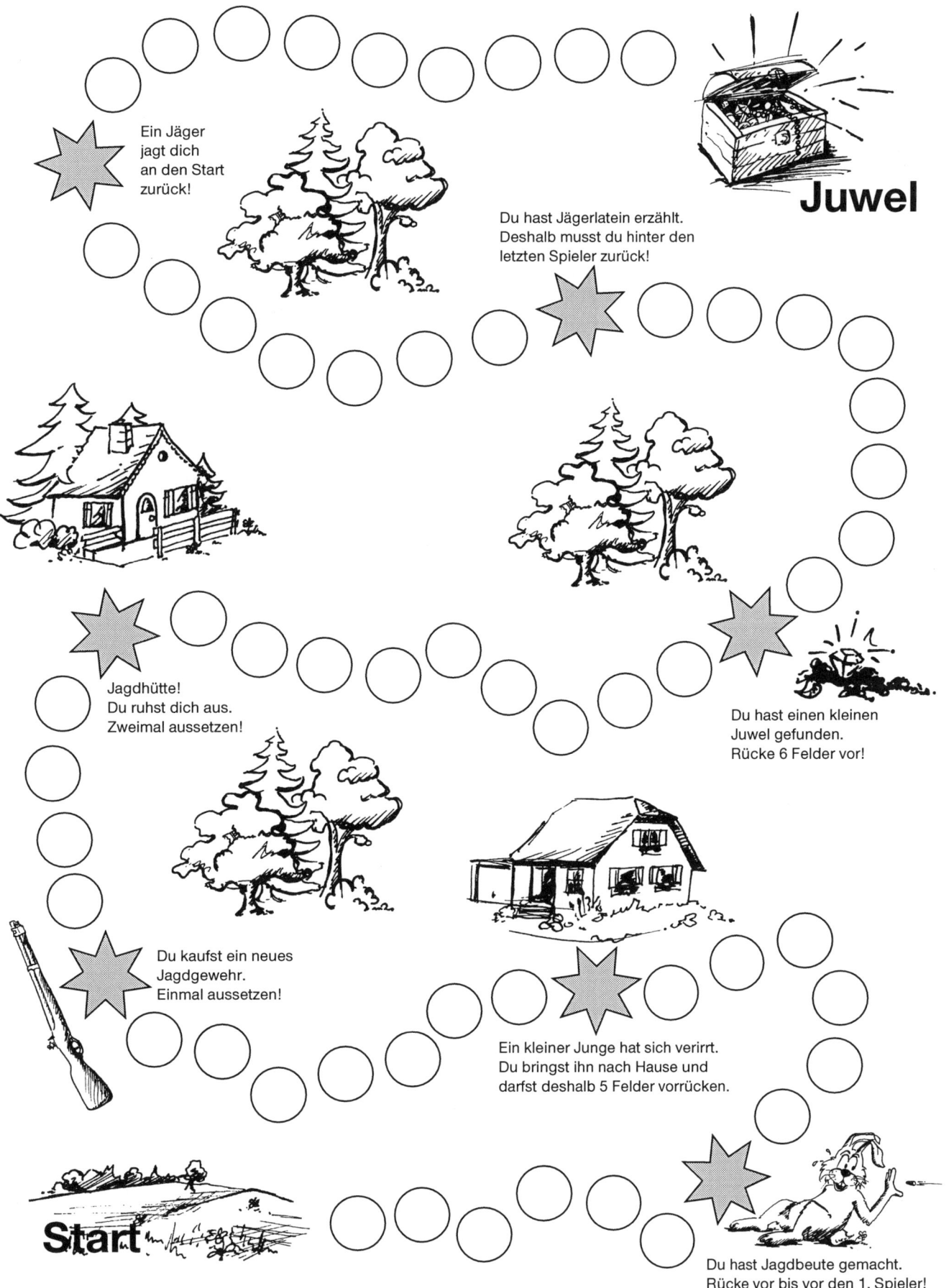

Ein Jäger jagt dich an den Start zurück!

Du hast Jägerlatein erzählt. Deshalb musst du hinter den letzten Spieler zurück!

Juwel

Jagdhütte! Du ruhst dich aus. Zweimal aussetzen!

Du hast einen kleinen Juwel gefunden. Rücke 6 Felder vor!

Du kaufst ein neues Jagdgewehr. Einmal aussetzen!

Ein kleiner Junge hat sich verirrt. Du bringst ihn nach Hause und darfst deshalb 5 Felder vorrücken.

Start

Du hast Jagdbeute gemacht. Rücke vor bis vor den 1. Spieler!

K k

Klabi- Klaba- Klabautermann
aus Mi- aus Ma- aus Marzipan,
fährt auf dem Schiko-Schoko-Kahn.

Klabi- Klaba- Klabautermann
klopft auf dem Kahn herum,
dem Kapitän, Kim Klapperzahn,
wird das schon bald zu dumm.

Er sagt zum Kli- Klabautermann:
Stell deinen Krach jetzt ein!
Auf meinem Schokoladenkahn
kann so ein Lärm nicht sein!

Klabi- Klaba- Klabautermann
aus Mi- aus Ma- aus Marzipan
fährt auf dem Schiko-Schoko-Kahn.

KLABAUTERSPIELE

1. Klabautermann aus Marzipan

Die Kinder formen sich aus einer Marzipanrohmasse einen kleinen Klabautermann. Der fertige Klabautermann wird in geschmolzene Schokolade eingetaucht und auf ein Schiff aus Schokolade gesetzt. Als Augen und Mund drücken wir kleine Zuckerperlen in das Gesicht des kleinen Kerlchens.
Zutaten: Rohmarzipan, Schmelzschokolade, Schokoladenriegel für den Schoko-Kahn, Zuckerperlen, Zahnstocher zum Aufspießen des Klabautermannes beim Eintauchen.

2. Klabautermann-Hörspiel

Eine Schülerin oder ein Schüler wird vor die Tür geschickt. Die anderen verteilen sich frei im Raum und setzen sich. Nun bekommt eines der Kinder eine Puppe, die aus einem Tuch geknotet wurde, den Klabautermann. Es setzt sich darauf oder versteckt die Puppe unter seiner Kleidung. Nun wird das Kind, das erraten soll, wo der Klabautermann ist, wieder hereingerufen. Vorher vereinbarte Klopfzeichen geben an, in welche Richtung es gehen muss, um das Kind mit dem Klabautermann zu finden. Schlägt es die falsche Richtung ein, wird zum Beispiel mit einem Holzstab auf den Boden geklopft, stimmt die Suchrichtung, schlägt man zwei Stäbe aneinander.

3. Klabautermann-Pantomime

Die Kinder schreiben Aufforderungskärtchen für Tätigkeiten, die mit „k" beginnen. Alle Kärtchen werden in einem kleinen Korb gesammelt. Ein Kind nimmt sich eine Karte aus dem Korb, liest sie, legt sie zur Seite und stellt die dort beschriebene Tätigkeit pantomimisch dar.
Wer sie als erster richtig errät, kann die Karte vorlesen und die anderen Kinder zum Mitspielen auffordern.

Danach darf er die nächste Karte ziehen.
Beispiele für die Aufforderungskärtchen:
Kinder kommt und kichert!
Kinder kommt und kullert herum!
Kinder kommt und klettert in eine Kiste!
Kinder kommt und kickt den Ball in die Ecke!
Kinder kommt und kehrt die Küche!
Kinder kommt und kocht Knödel!
Kinder kommt und knetet Kuchenteig!
Kinder kommt und kaut köstliche Kirschen!
Kinder kommt und kratzt wie kleine Katzen.
Kinder kommt und kaut Kaugummi.
Kinder kommt und küsst den Kater.

KEGELN UND RECHNEN

Kegelwörter

Haus	0 Punkte
Kuh	3 Punkte
Kind	4 Punkte
Kerze	5 Punkte
Kaktus	6 Punkte
Klassen	7 Punkte
Kleister	8 Punkte
Kleeblatt	9 Punkte

Gymnastik-Keulen aus dem Sportunterricht werden als Kegel verwendet. Unter jeden dieser Kegel legen die Kinder ein Wort.
Nach jedem Wurf wird gemeinsam die Punktzahl errechnet, die ein Spieler erreicht hat. Zusammengezählt werden hierzu alle die Punkte, die die Wörter ergeben, die unter den umgestoßenen Keulen lagen.

W	Ö	R	T	E	R	K	Ä	M	M	E
A		A		S		A		A		G
L		B		E		L		N		A
D		E		L		T		N		L

Kammwörter

Die Kinder ersetzen die senkrechten Wörter durch andere. Sie suchen auch nach Lösungen mit Wörtern mit 5 Buchstaben.

Denkbar wären solche Wortbilder auch zu anderen Begriffen, wie z. B. *Gabelwörter* oder *Zaunwörter* und vielleicht sogar *Gitterwörter*.

Komm mit zum fernen Kontinent

Das Ki-, das Ku-, das Känguru
hüpft hoch und weit ganz ohne Schuh.
Der Ki-, Ku-, Ka-, Koalabär
liebt Eukalyptusblätter sehr.
Und in der Krone von dem Baum
sehr gut versteckt, man sieht ihn kaum,
da hockt der schöne Kakadu
und schaut den andern beiden zu.

Nun aber sage, liebes Kind,
auf welchem Kontinent
wir sind!

KÄNGURUSPRINGEN

Die Schülerinnen und Schüler bilden vier bis fünf Staffeln, je nach Klassenstärke. Nacheinander muss sich jedes Kind den „Kängurubeutel" umbinden, hüpfend eine Hindernisbahn überwinden, zu den anderen zurückkehren und den Beutel weitergeben.

In dem Beutel sollen, je nach gewähltem Schwierigkeitsgrad, verschiedene Gegenstände (z.B. Kuscheltiere oder Bälle) mittransportiert werden.

HERSTELLUNG DES KÄNGURUBEUTELS

Ein rechteckiges Tuch wird an seiner schmalen Seite an ein langes Band genäht. Die so entstandene Schürze wird von den Spielern nach innen hochgeklappt und umgebunden.

In den so entstandenen, seitlich offenen Beutel werden die zu transportierenden Gegenstände gepackt.

☛ Beim Hüpfen müssen die Kinder den Kängurubeutel gut zuhalten und darauf achten, dass nichts herausfällt.

✂ Etwa 1,50 m Wäscheband, 1 Leinen- oder Baumwolltuch, etwa 50 cm x 1 m

L l

Elf lebenslustige Läuse
liefen sehr schnell
durch das lausige Fell
des launischen Löwen Leo.

Lange, sehr lange
liefen sie alle,
bis plötzlich
Leos gewaltige Kralle
nach all diesen
lästigen Läusen schlug
und Leo brüllte:
Ich hab jetzt genug!

FANGSPIEL

Einige Kinder sind die Läuse, die durch das lausige Löwenfell laufen sollen. Dieses wird gebildet durch Kindergruppen, die sich zu dritt oder viert an den Händen halten und sich den lästigen Läusen entgegenstellen.

Ein Schüler oder eine Schülerin spielt die Löwenkralle, die bei der letzten Strophe des Gedichtes losläuft, um eine Laus zu fangen. Die Schüler/innen, die das Fell spielen, helfen ihr dabei, indem sie den flüchtenden Läusen den Weg verstellen. Die „Fellkinder" dürfen sich dabei aber keinesfalls loslassen, sonst müssen sie für diese Runde das Spielfeld verlassen. Die Läuse dürfen nicht mit dem Löwenfell in Berührung kommen, sondern immer rechtzeitig ausweichen, sonst gelten sie auch als abgeschlagen.

Die Laus, die als erste abgeschlagen wird, ist in der nächsten Spielrunde die Löwenkralle.

LACH NICHT, LIEBER LAUSIGER LÖWE!
Spielidee nach „Armer schwarzer Kater!"

Die Schülerinnen sitzen im Stuhlkreis. Ein Kind spielt die „liebe kleine Laus". Es geht dabei zu einem Mitspieler seiner Wahl, kniet sich vor ihm nieder, macht ein möglichst drolliges Gesicht und sagt: „Lieber lausiger Löwe!" Das so angesprochene Kind muss der „Laus" über das Haar streichen und dabei sagen: „Liebe kleine Laus". Lacht es dabei, muss es selbst die Rolle der Laus übernehmen und mit dieser den Platz tauschen. Bringt die Laus diesen Mitspieler nicht zum Lachen, sollte sie möglichst schnell und überraschend den nächsten ansprechen.

☛ Gute Lacherfolge kann die Laus durch eine besonders ausdrucksstarke Mimik und Gestik erzielen, sprechen darf es nur den vorgegebenen kleinen Satz.

LAUS IM FELL
Der Umriss des Löwen wird vergrößert. Nun schreiben oder drucken die Kinder auf den ganzen Körper des Löwen das Wort „Fell". Nur an einer Stelle steht das Wort Laus.
Der Betrachter muss es möglichst schnell entdecken.

LAUGENSTANGEN ESSEN
Beim Bäcker besorgt man frische Laugenstangen. Bevor sie gegessen werden, legen wir jeweils drei Stangen zu einem großen L, damit sich die Kinder die Form des Buchstabens gut einprägen können.

L - L O S E

In Form der Leseröllchen (AOL Nr. F931 bis F934) stellen wir Lose her, bzw. schneiden die hier abgedruckten aus. Die Kinder malen sie an und rollen sie über einem Bleistift zusammen und binden einen Wollfaden darum. Alle Lose geben wir in eine Dose, so dass die Kinder nacheinander eines ziehen, lesen und den Auftrag ausführen können.

Leider, leider!
Leer ausgegangen!

Halt mal die Luft an!
Aber nicht zu lange!

Brüll so laut
wie ein Löwe!

Male ein L an die Tafel!

Leg dich ein Weilchen
hin!

Lass dich mal
streicheln!

Lach mal laut und springe dreimal in die Höhe!

Spiel mal Lehrer oder Lehrerin
in deinem Lieblingsfach!

Leihe dir ein lustiges Buch aus und lies daraus vor!

Los, lauf schnell wie ein Leopard zum Regal!

Löse ein lustiges Rätsel:
Welches Tier frisst immer mit zwei Löffeln?

Das große Los:
Lass deine Hausaufgaben heute einfach liegen!

M m

Wenn Maskenmännchen
müde träumen
und schlummern wollen
unter Bäumen,
macht keinen Mucks,
macht Trommelschläge!
Dann sind die Männchen
nicht mehr träge.

MASKEN HERSTELLEN
Für das Maskenmännchenspiel stellen sich die Kinder zunächst einmal in Partnerarbeit die Masken her.

Aus einer festen, aber noch gut schneidbaren Pappe in Din A4-Größe werden die Ecken so abgeschnitten, dass eine ovale Scheibe entsteht, die oben mehr abgeflacht ist als unten.

Diese Scheibe wird vor das Gesicht des Partners gehalten, um die Augenhöhe zu finden. Hier werden nun rechts und links an den Außenseiten kleine Einschnitte gemacht. Schiebt man die Schnittflächen übereinander, nimmt die Maske bereits eine plastische Form an.

Nun werden die Öffnungen für Augen, Nase und Mund gezeichnet und herausgeschnitten. Dabei muss die Maske immer wieder vor das Gesicht des Partners gehalten werden, um die richtige Stelle zu finden.

Schließlich werden Augenlider, Ohren, Haare, vielleicht auch Lippen, Nase usw. aus dem Restpapier herausgeschnitten und angeklebt. Zum Schluss wird

die Maske noch mit einem Gummiband versehen. Man kann die Masken weiß lassen, oder sie bunt ausgestalten.

☛ Man muss die Kinder ermahnen, dass sie niemals in Gesichtsnähe des Partners schneiden. Immer nur den Finger auf die betreffende Stelle halten oder anzeichnen, Maske zuerst wegnehmen, dann schneiden!

✂ Weiße, feste Pappe, Farben, Klebstoff, Gummmiband.

MASKENMÄNNCHENSPIEL
Die Kinder setzen ihre Masken auf und kauern am Boden. Der Spielleiter schlägt in wechselnder Geschwindigkeit und Taktfolge auf ein Tamburin. Bei jedem Schlag richten sich die Maskenmännchen mit einer ruckartigen Bewegung ein wenig weiter auf, bis schließlich alle aufrecht stehen.
Nun bewegen sie sich roboterhaft im Takt der Schlagfolge auf den Tamburinspieler zu. Werden die Schläge sehr laut und sehr schnell, eilen sie zu ihrem Ausgangsort zurück. Mit leiser und langsamer werdenden Tönen gehen sie schließlich wieder in ihre Kauerstellung zurück.

Marsmännchenspiele
Marsmännchen haben es mordsmäßig schwer, weil sie marsianisch nur reden. Marsmännchen müssen malen daher und zeigen, was gerne sie täten.

MARSMÄNNCHENSPIELE

a) Was malt das Männchen?
Ein Kind beginnt damit einen Gegenstand an die Tafel zu zeichnen. Die anderen sollen erraten, was es malen möchte. Jede Spielteilnehmerin darf aber nur einmal raten.
Wer als Erster den Gegenstand richtig benennt, darf das nächste malende Marsmännchen sein.

b) Sonderbare Tiere
Ein „Mensch" und ein „Marsmännchen" malen an der aufgeklappten Tafel, so dass sie ihre Zeichnungen gegenseitig nicht sehen können, das Vorder- bzw. das Hinterteil eines Tieres.

☛ Die Verbindungsstellen müssen vorher bei zugeklappter Tafel eingezeichnet werden!

c) Was macht das Männchen?
Ein Kind führt pantomimisch eine Tätigkeit vor. Die anderen müssen raten, was das Marsmännchen macht.

d) Marsmännchen essen
Das essbare Marsmännchen besteht aus einer Scheibe Brot, die mit Butter bestrichen und mit einem grünen Salatblatt belegt wird.
Der Mund des Männchens wird aus einer halben Tomatenscheibe hergestellt. Für die Augen nehmen wir zwei Gurkenscheiben mit einem Tupfer Tomatenmark und für die Nasen eine Olive. Wer möchte, kann Arme und Beine mit Essiggurken gestalten.

MURMELTIER-GEDICHT
Auf der folgenden Seite finden Sie die Kopiervorlage für einen Unsinntext. Die Kinder haben einen Riesenspaß daran die falschen „l" zu suchen und den Text richtig aufzuschreiben.

Murmeltier ohne „m"

Das Murmeltier, das murmelt laut:
„Verdallt, hier sind die „m" geklaut!
Die „l" verstellen alles sehr,
doch lest es recht, es ist nicht schwer!

Das Lurleltier lurlelt laut.

Leine Lala lacht eine feine Larlelade.

Der Lüller lahlt das Lehl in der Lühle.

Eine liese Lotte knabbert an del lolligen Lantel von Lala.

In del großen Weltleer schwillt ein Schwarl lunterer Fische.

Larzipan schleckt prila.

Kennt denn nieland das Lärchen von del Lann auf del Lond?

Die Lädchen klettern auf eine große Lauer. Koll und lach lit!

Der Leister schilpft: Das ist ja vollkollen unlöglich! Lein Leisel hat doch nichts in deiner Lappe verloren!

N n

Nilpferde niesen
in nasskalten Flüssen,
weil sie die Sonne
des Nils so vermissen.

Nashörner niesen
in nebligen Auen,
niesen und niesen
und können nicht schauen.

Wir werden sie fangen,
wir werden sie fangen
mit sehr großen Spießen
und sehr großen Stangen.

Das Spiel von S. 56 „Nilpferde" wird nach der Spielidee des alten Kinderspiels „Goldne, goldne Brücke" gespielt:

Die Kinder bilden eine lange Schlange, indem sich jedes an den Schulterblättern seines Vordermannes festhält. Sie sprechen die drei Strophen und gehen dabei durch ein Tor, das zwei Kinder mit ausgestreckten Armen bilden.

Nach der dritten Strophe senken die Kinder die Arme, lassen aber dabei die Hände nicht los, so dass das Kind, das in dem Moment gerade unter dem Tor durchziehen will, gefangen wird. Dieses Kind wird nun im Sprechchor aufgefordert sich für eine der beiden Seiten zu entscheiden. Hierzu haben die beiden Kinder, die das Tor bilden, vorher ausgemacht, wer von ihnen für „nah" und wer für „fern" steht.

NENN DEINEN NAMEN

Das betreffende Kind nennt seinen Namen, worauf die anderen weitersprechen:

sag „nah" oder „fern",
sag „fern" oder „nah"
und schon bist du da.

Das Kind nennt einen der beiden Begriffe, also entweder „nah" oder „fern" und stellt sich dann hinter das entsprechende „Torkind".

Nachdem auf diese Weise vier Kinder gefangengenommen worden sind, kommt die Auflösung der Bedeutung von „nah" oder „fern", die allerdings bei jedem Spieldurchgang wechseln kann.

Bei Bedeutung „fern":

Die „Torkinder" halten sich fest an den Händen, wobei ihre Arme so weit gesenkt werden, dass sich das dritte Kind darüberlegen kann. Während sie sprechen: „Wir wiegen dich sanft in dein Niltal zurück", wiegen sie das Kind sanft hin und her.

Bei Bedeutung „nah":

Die „Torkinder" rütteln und schütteln das Kind zwischen ihren Armen hin und her, wobei sie sich sehr fest an den Händen halten müssen, damit das Kind nicht vorzeitig herausgeschubst wird. Dabei sagen sie: „Wir rütteln dich und schütteln dich zurück in den nasskalten Fluss."

WAS DENN NUN?
Doppelt oder dreifach verneint?

Nax, das niedliche Eichhörnchen spricht:
Nein, keine alten Nüsse nage ich nicht.
Nagt es, oder nagt es nicht?

Nelly singt nie nette Lieder
in der neuen Badewanne.
Nelly singt nicht ohne Wonne,
bis zerspringt die Kaffeekanne.
Singt sie nun überhaupt nicht oder nur nicht in der Badewanne? Oder nur nicht in der neuen, damit die keine Sprünge bekommt?

Ganz selten ist es trocken.
Und ohne nasse Socken
kann unser Nino nicht
sich in den großen Garten wagen,
an kalten, nassen Regentagen
denn sonst packt ihn die Gicht.
Kann er nun in den Garten?
Oder wagt er sich nur nicht ohne nasse Socken?

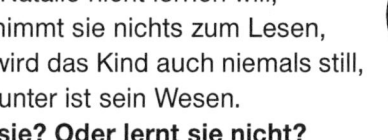

Wenn Natalie nicht lernen will,
dann nimmt sie nichts zum Lesen,
dann wird das Kind auch niemals still,
putzmunter ist sein Wesen.
Lernt sie? Oder lernt sie nicht?

NÜSSE ESSEN

Alle Kinder dürfen feine Nüsse naschen.
Aber vorher werden mit den Nüssen große „N" und „n" auf den Tisch gelegt.

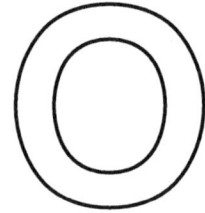 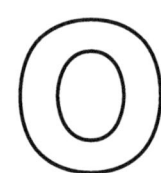

Kommt ein Floh,
springt ins Klo.
O o o!

Lieber Floh,
sei nicht so,
hopse doch
von O zu O!

Die Kinder sprechen den Vers und hopsen dabei von Gymnastikreifen zu Gymnastikreifen.

Variation: Es wird ein Reifen weniger ausgelegt als es Spielteilnehmer gibt. Ein Kind bleibt als Sprecherin stehen, die anderen hopsen um die Reifen herum. Nachdem die Sprecherin ihren Vers aufgesagt hat, springt sie in einen Reifen. Dies ist das Zeichen für die anderen Spielteilnehmer, ebenfalls schnell in einen Reifen zu hopsen. Das Kind, das kein „O" mehr erreicht, wird in der folgenden Runde der Sprecher, um dann wieder von demjenigen Mitspieler abgelöst zu werden, der keinen Reifen mehr erwischen kann.

KREISSPIEL ZUM O
Die Kinder sitzen im Kreis. Zu Beginn werden zwei Gruppen gebildet, die sich gegenseitig im Chor ansprechen:

Gruppe 1 zu Gruppe 2:

**Ottokar, der Mondscheinfloh,
sitzt in deinem Ohr**

Gruppe 2 sagt daraufhin zu Ottokar:

**Ottokar, du Mondscheinfloh,
komm sofort hervor!**

Nun wird ein Kind vor die Tür geschickt und ein Stuhl aus dem Kreis genommen. Die Kinder machen aus, in wessen Ohr der Mondscheinfloh sitzen soll. Danach wird das Kind wieder hereingerufen.

Reihum beugt es sich nun zu allen Mitspielern und Mitspielerinnen hinunter, schaut ihnen ins Ohr und fragt:

Ist da der Floh?

Woraufhin sie antworten:

No, no, no, no!

Das geht so lange, bis es zu dem vorher als „Flohbesitzer" bestimmten Kind kommt. Dieses ruft auf die Frage „Ist da der Floh?":

„Hoho, hoho!"

Bei diesem Ausruf springen alle Spielteilnehmer auf, um sich einen anderen Platz zu suchen. Auch das fragende Kind setzt sich schnell auf einen Stuhl, so dass ein anderes übrigbleibt, das nun für die nächste Spielrunde vor die Tür geschickt wird.

☛ Die Bedeutung von „no, no" wird vorher mit den Kindern besprochen.

DAS O AM NORDPOL
Spielgedicht mit einer kleinen Stabpuppe aus Pappe

Gestaltung von O-Püppchen
Ein schönes O wird auf ein Stück Pappe gemalt.
Entsprechend dieser Zeichnung gestalten die Kinder das O-Männchen aus. Man kann natürlich auch die Zeichnung auf dieser Seite vergrößern und auf eine entsprechende Pappe aufkleben. Nun schneiden die Schüler und Schülerinnen aus der Pappe einen Führungsstreifen und kleben ihn hinter ihr O-Männchen.

Die Kinder spielen mit einem kleinen O-Püppchen aus Pappe.
Wenn das O spricht, versuchen sie den Mund nicht zu bewegen.

☛ Man sollte das Sprechen ohne Lippenbewegung vor einem Spiegel üben.

Ein kleines O,
schön rund und hohl,
am Nordpol ging spazieren.
Dort fühlte es sich nicht so wohl,
es musste schrecklich frieren.
Weil ihm sein Mund zum O gefror,
sprach es ein wenig sonderbor:

Mor ost so kolt,
bon bold orfroron,
do Noso rot
ond rot do Ohron!
Wo fond och onon wormon Ofon
ond onon wormon Too?
Och woll nocht longor horomlofon
on dom schrocklochon Schnoo!!

P p

Plopp und plopp!
Was purzelt da
im Wald der Pampelmusen?
Plopp und plopp!
Ein Purzelbaum,
ein Plüschtier
auch zum Schmusen!

Alle Purzelbäume purzeln,
denn sie haben keine Wurzeln.

PURZELBAUMSPIEL

Wir legen viele Turnmatten hintereinander. Sie sind der Purzelbaumweg durch den Wald der Pampelmusen. Einige Kinder werden zu Purzelbaumkindern bestimmt, die nach dem Sprechvers mit dem Purzelbaumschlagen beginnen dürfen. Während des Sprechens sitzen sie auf den Matten, während die anderen Mitspieler um die Mattenbahn herumgehen und an verschiedenen Stellen Plüschtiere auf die Turnmatten fallen lassen. Nach dem Sprechen stehen sie um die Matten herum und schauen den Purzelbaumkindern zu, die nun während des Purzelbaumschlagens versuchen eines der Plüschtiere zu greifen.

PAMPELMUSENSPIEL

Wir bilden zwei Gruppen. Nacheinander müssen alle Gruppenmitglieder so schnell wie möglich zwei gelbe Bälle um einige Matten herumrollen. Welcher Mannschaft gelingt das am schnellsten?

PAMPELMUSENESSEN

Pampelmusen werden halbiert und am Rand mit einem Küchenmesser von der Schale getrennt. Nun werden alle Kerne herausgenommen und die Schnitze mit einem kleinen Schnitt von den Häuten getrennt, damit sie (eventuell nach dem kräftigen Einzuckern) mit einem Löffelchen herausgelöst und verspeist werden können.

PIZZA – PIZZA – PIZZA

Bevor ihr eine richtige Pizza backt, versucht doch einmal eine Wörterpizza zu belegen. Aber Vorsicht! Drei Begriffe sind auf der Pizza fehl am Platz!

Pizzawörter: Paprika
Pfeffersalami
Puderzucker
Pilze
Tomatenpüree
Pellkartoffeln
Pizzakäse
Pantoffeln
Kapern
Pizzagewürz

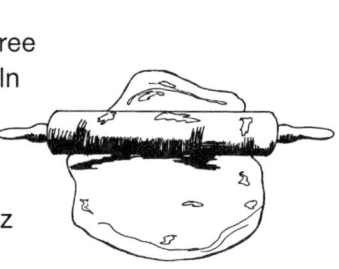

EINFACHES PIZZA-REZEPT

Hefeteig aus 500 g Mehl, 1 Würfel Hefe, 1 Ei, 250 ml Wasser, Salz zubereiten und auswellen. Mit den genannten Dingen belegen und bei 200 ° backen. Beim Belegen darauf achten, dass auf der Pizza ein großes „P" entsteht, z.B. wird zunächst die Buchstabenform aus Salamischeiben gelegt, die dann mit Champignons und schwarzen Oliven umrandet werden.

Pustekuchen
Paulchens Papa ist empört,
weil Paul sich pausenlos beschwert.
Paul mag keinen Pflaumenkuchen,
will Apfeltaschen nicht versuchen,
Krapfen findet Paul abscheulich,
Pfann- und Pfefferkuchen greulich,
Pfirsichtorte isst er nicht,
bis endlich Paulchens Papa spricht:
Dein Gemecker macht mich platt,
jetzt werd' von Pustekuchen satt!

Ein unmöglich mögliches P-Gedicht

Wenn ein großer Platz platzt,
in deinem Satz ein P satzt,
wenn einem Park das Parken glückt,
dann spielt die Sprache echt verrückt!
Wenn dann noch so ein Pilz pilzt,
die Muse pampig wird,
im Topf die Butterschmilze schmilzt,
hat sich ein Reim verirrt.
Wenn eine Perle perlt im Park,
und eine Putze putzt den Quark,
wenn eine Pelle pelzig pellt,
steht auf dem Kopf die Wörterwelt.

Qu qu

Nimm einen Quirrli-Wirrli-Quirl
und quirl die Sahne quilli-wirl!
Und aus dem weißen Sahne-See
wird fester Schnee!

Jetzt quetsch den Quabbel-
Babbel-Schnee
aus einer Tüte quetschibee
quer auf den Quabbelpuddeling!
Das ist ein Ding!!!

SPIELGEDICHT:
QUIRRLI-WIRRLI-QUIRL

Das Gedicht von Seite 64 wird von einer Kindergruppe in einem rhythmischen Singsang gesprochen. Dabei können die Mitspieler im Kreis gehen und das Versmaß mit Handinstrumenten begleiten.

In der Kreismitte sitzt eine Gruppe von Kindern, zwischen denen eines als Quirl herumwirbelt. Während der ersten Strophe erheben sich die sitzenden Schüler und Schülerinnen langsam und werden groß und größer. Schließlich bilden sie eine lange Kette. Gleichzeitig wird der Kreis aufgelöst. Die Spieler und Spielerinnen formieren sich in zwei aufeinander zulaufende Reihen, die die Form einer Spritztüte imitieren sollen. Die Kinderkette zwängt sich nun durch die Engstelle und bildet dann die Form eines „Q".

BEWEGUNGSSPIEL:
QUIRRLI-WIRRLI

Während das unten stehende Gedicht gesprochen wird, wirbeln und tanzen die Mitspieler frei im Raum herum. Jedoch bei der Aufforderung „Fasst euch an der Hand" müssen alle ganz schnell einen Partner finden und mit diesem beim Stichwort „gebannt" blitzschnell, wie mitten in der Bewegung erstarrt, regungslos stehenbleiben. Wer keinen Partner erwischt hat, gilt als „gebannt" und muss sich während des nächsten Spieldurchgangs auf den Boden setzen. Dasselbe gilt für alle Paare, die während der Sprechpause (sie kann ruhig etwas länger dauern!) ihre Körperhaltung verändern.

KOCHAKTION „QUABBELPUDDING"

Die Kinder bereiten eine „Götterspeise" oder auch einen Pudding, egal welcher Geschmacksrichtung, nach dem auf der Packung vorgegebenen Rezept zu. Wenn dieser Quabbelpudding abgekühlt ist, wird gemeinsam die Sahne geschlagen. Immer wieder rufen sich die Kinder dabei die passende Strophe ins Gedächtnis.

Die steifgeschlagene Sahne wird in eine Spritztüte gefüllt. Nun darf möglichst jede Schülerin und jeder Schüler einen Sahnepunkt als Verzierung auf den Rand des Puddings spritzen. Ganz zum Schluss formen wir noch in der Mitte des Quabbelpuddings ein großes „Sahne-Qu".

Quirrli – wirrli

Quirrli – wirrli, wirbelt, Kinder!
quatscht nicht und seid stumm!
Qirrli – wirrli, wirbelt, Kinder,
quer im Raum herum!
Quirrli – wirrli, wirbelt, Kinder!
Fasst euch an der Hand!
quirrli – wirrli, wirbelt, Kinder,
doch nun seid ihr gebannt!

Der Quietschverein

Der Dirigent Quaks Quabbelbein
im quergestreiften Hemde,
der dirigiert den Quietschverein
in Quebec in der Fremde.

Die Frösche quaken alle schön,
sie quieken quietschfidel,
nur Quabbelpeter kann man sehn,
der Quatsch macht ohne Hehl.

Aus voller Kehle quakt er Quark,
das findet Quabbelbein nicht stark!

R r

Regentropfen, Regentropfen
ruhig rauscht hernieder.
Regenwürmer hören gerne
Regentropfenlieder.

Hirsche springen, Rehe rennen,
fangt ihr an zu rauschen.
Regenwürmer aber wollen
rasend gern euch lauschen.

REGENTROPFENSPIEL

Die Kinder sprechen die erste Strophe und prellen dabei im Sprechrhythmus Bälle auf den Boden.

Variation: Wem der Ball herunterfällt, setzt oder legt sich auf den Boden. Die anderen Kinder müssen nun vorsichtig um die so entstehenden natürlichen Hindernisse herumprellen.
Während die zweite Strophe gesprochen wird, laufen einige Kinder als Hirsche und Rehe durch die Kinder mit den Bällen. Wer dabei seinen Ball verliert, verwandelt sich ebenfalls in ein Waldtier.

RATTENSPIEL

**Ratten rennen, Ratten rasen,
huschen durch die Röhren,
rennen rauf und rasen runter,
raspeln feine Möhren.**

Das kleine Gedicht wird im Chor gesprochen und gestampft. Beim Stichwort „Möhren" machen sich die „Ratten" auf den Weg über eine Hindernisbahn.
Am Ziel kann man Möhren als Belohnung bereitlegen.

☛ Als Wettspiel, bei dem nur die Sieger Möhren bekommen, eignet sich das Spiel nur, wenn man bei jedem Spieler die Zeit stoppt. Alle Kinder gleichzeitig auf so eine Hindernisbahn loszulassen, könnte zu Unfällen führen!

DER RASENDE REPORTER

Der Reporter muss über eine Hindernisbahn zu einem Mikrofon laufen, einen Text vorlesen und wieder zum Ausgangspunkt zurückeilen.
Dabei wird für jeden Mitspieler die benötigte Zeit gestoppt, um den Sieger zu ermitteln.

Variation: Staffellauf
Die Kinder jeder Staffel müssen nacheinander die Hindernisbahn durchlaufen und dabei das zusammengerollte Blatt mit dem zu sprechenden Text weiterreichen. Der letzte Spieler jeder Staffel muss diesen dann vorlesen, das Textblatt wieder zusammenrollen und dem Spielleiter überreichen.

Textvorschlag:
Verehrte Hörerinnen und Hörer der Rulla-Ralla-Radiostation, hier spricht Robert, der rasende Reporter. Große Reptilien rasen auf unsere Radiostation zu. Es handelt sich dabei um den riesigen Tyrannosaurus, den Saurus Rex, den Prontosaurus, den Meckersaurus und den gefährlichen Rülpsersaurus Radieschenzahn.
Hilfe, ich höre Getrampel. Die Reportage ist hiermit beendet!!!

REGENWÜRMER VERSPEISEN

Keine Angst, die Regenwürmer oder auch Engerlinge, die wir verspeisen möchten, werden nur so genannt. In Wirklichkeit handelt es sich um „Erdnussflips" aus der Tüte.

Wer's gesünder möchte, veranstaltet ein „Möhren-Wettraspeln" oder ein „Radieschenessen". Die Radieschen werden dazu zu kleinen Röschen eingeschnitten und mit etwas Salz bestreut, damit die Blüten aufgehen. Mit einem herzhaften Butterbrot schmecken sie prima!

AUF DEM RUMMEL

**Ob Riesenrad, ob Karussell,
die Wörter drehn sich
rasend schnell.
Ob vorne „r", ob hinten „r",
schau her, es ist
kein bisschen schwer!**

Die Kinder schneiden die Wortkärtchen (siehe Seite 69) aus und kleben sie in die Gondeln eines gemalten Riesenrades.

Variation: Die Schüler und Schülerinnen bauen mit Technikkästen oder aus Pappe ein drehbares Riesenrad oder Karussell und befestigen die Wörter an dem selbstgebastelten Spielzeug.

Roller	**Reiter**	**Rächer**
Radfahrer	**Richter**	**Räuber**
Retter	**Ritter**	**Raser**
Raster	**Regen- schauer**	**Reiher**
Roboter	**Renner**	**Reporter**
Riecher	**Rührer**	**Rufer**
Ruder	**Rülpser**	**Redner**

S s

Wespensong
Summ, summ, summ,
summ, summ
Wespen saust herum!

Surrt nur durch das Wespenhaus
surrt hinein
und surrt heraus!

Summ, summ, summ,
summ, summ
Wespen saust herum!

WESPENSONGVARIATIONEN
Der Wespensong von S. 70 wird gesungen nach der Melodie des bekannten Kinderliedes: „Hopp-hopp-hopp, Pferdchen lauf Galopp!

a) Die Kinder stehen sich auf einer leicht gebogenen Linie gegenüber, halten sich an den Händen und bilden so einen großen Tunnel. Während sie den Wespensong singen, schlüpfen immer die beiden letzten Spieler der Reihe durch den Tunnel, um sich vorne gleich wieder anzustellen.

b) Die Kinder singen das folgende Lied nach der Melodie „Die Affen rasen durch den Wald" (Mundorgel Nr. 231). Dabei wird der Rhythmus geklatscht, gestampft und mit Handinstrumenten verstärkt. Wir bilden eine richtige Band und singen dazu:

Die Wespen sausen durch das Haus.
Sie surren rein und surren raus.
Die ganze Wespensippschaft summt:
Das ist der Wespensong, das ist der Wespensong!
Das ist der Wespensong, das ist der Wespensong!

MITMACHSPIEL: MORGENSTUND'
HAT GOLD IM MUND
(Sprecher = normal; *Regieanweisung = kursiv;* **Spieler = fett**)
Wir wollen einen kleinen Film drehen. Dazu brauchen wir einen Assistenten, der die Szenenklappe zeigt.
Ein Mitspieler wird ausgesucht. Vor jeder Szene muss er mit ausgestreckten Armen die Klappe imitieren.
Es ist noch sehr früh, erst sechs Uhr.
Sechs jüngere Mitspieler bekommen den Auftrag, Turmuhr zu spielen. Der Reihe nach schlagen sie ihre Hände über dem Kopf zusammen und sagen:
„Bimm, bamm, bumm, bimm, bamm, bumm".
Halt! Klappe!

Unsere Szene spielt an einem See.
Einige Kinder legen sich auf eine Decke im Kreis.
Mitten im See schläft das lispelnde Ungeheuer.
Ein Kind wird in die Kreismitte gesetzt.
Nun proben wir diese Szene.
Halt! Klappe!

Es ist noch sehr früh am Morgen, erst sechs Uhr.
„Bimm, bamm, bumm, bimm, bamm, bumm."

Der See seet still vor sich hin. Der Mond versinkt langsam.
Halt! Klappe!

Ein Mitspieler wird als Mond, einer als Sonne ausgesucht. Das Spiel beginnt von vorn.
Die Sonne sonnt sich.

Da kommen zwei kleine Wespenkinder angesurrt.
Halt! Klappe!

Wir müssen die Wespen bestimmen.
Die Wespenkinder und ein Ast (sitzender Mitspieler) werden bestimmt. Nächste Szeneneinstellung.
Halt! Klappe!

Sie surren und summen und summen immer lauter, bis der See sehr unruhig wird und die Sonne das Sonnen vergisst und sich das Gesicht zuhält.
Da erwacht das lispelnde Ungeheuer. Es erhebt sich und sieht die Wespenjungen. Die surren davon und setzen sich auf den Ast.
Das lispelnde Seeungeheuer sagt zu ihnen:
„Ihr seid srecklich. Ich will noch slafen!"
Da seufzt die Sonne:
„Aber Morgenstund hat doch Gold im Mund".
Da beide Mitspieler ihre Einsätze natürlich noch nicht kennen, muss die gesamte Szene noch zweimal wiederholt werden. Und wenn dann schließlich die Sonne ihren Satz anbringt, sagt der Sprecher:
Doch da schlägt es sieben Uhr.
„Bimm, bamm, bumm, bimm, bamm, bumm".
Ihr habt viel zu lange geprobt, jetzt ist die Morgenstund vorbei. Sperre deinen Mund auf, lispelndes Seeungeheuer! Nun seht selbst: nichts drin!!
Halt! Klappe!

☛ Das Spiel lässt sich durch beliebige Pflanzen und Tiere noch lustiger erweitern, da jedes Mal der gesamte Text wiederholt werden muss.

Einsatzmöglichkeiten wären zum Beispiel:

ein Hase hast,

das Gras grast,

ein Ast astet,

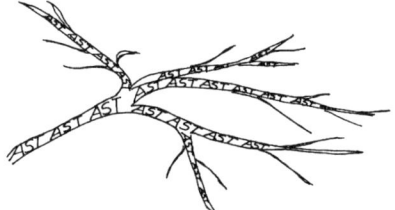

ein Saurier
sauriert usw.

SALZSTANGENSCHRIFT
Zugegeben, etwas eckig wird die Schrift aus ganzen und halben Salzstangen schon, die wir auf weißen Küchentüchern auslegen. Dafür kann man sie aber aufessen!

Beispiele für Salzstangenwörter:

SALZ

SEE

SONNE

HAUS

HASE

T t

Ein Tänzer namens Theobald
tanzt heut' mit Tante Tina.
Komm und tanze mit,
komm und tanze mit
im selben Schritt und Tritt.

Das Trampeltier, das Trampeltier
tanzt einen Tango mit dem Stier.
Komm und tanze mit,
komm und tanze mit
im selben Schritt und
Tritt.

LIEDERWERKSTATT
Die Kinder dichten weiter und erfinden selbst Texte zu der bekannten Melodie der „Vogelhochzeit". Alle diese Strophen werden mit einfachen Instrumenten begleitet und pantomimisch dargestellt. Hier einige Beispiele:

Die Tasse tanzt, sie flippt fast aus,
da schwappt der feine Tee heraus.
Komm und tanze mit, komm und tanze mit,
im selben Schritt und Tritt.

Der Teller tanzt total erhitzt,
die Soße auf den Tisch er spritzt ...

Der Tortenguss, der Tortenguss,
verlässt die Torte ohne Gruß ...

Der Teppichklopfer tobt im Takt,
den Teppich fast die Panik packt ...

Das Telefon, das Telefon,
das klingelt, tönt und tanzt davon ...

Der Trauerkloß, der Trauerkloß,
tanzt nicht und zieht 'nen Schmollmund
bloß ...

Ganz plötzlich kommt der kleine Troll,
springt mitten auf den Tisch.
Die Tassen wackeln schon wie toll,
denn Trolli sucht nach Fisch.

Er trampelt über unsern Braten,
vernascht die gute Wurst,
spielt danach Tennis mit Tomaten,
und dann bekommt er Durst.

Am Teepott will hinauf er klettern,
doch der ist rund und glatt,
schon sieht man ihn herunterbrettern,
weil keinen Halt er hat.

Er fällt prompt in den Suppentopf,
die Suppe spritzt heraus,
mit Müh' und Not entkommt der Tropf,
und tropfnass schaut er aus!

Doch als die Mutter eilt herbei
und traut den Augen nicht,
hört nur der Timmy ihr Geschrei,
verschwunden ist der Wicht.

SPEISEN WIE TROLLI

Ein schön gedeckter Tisch verlockt nicht nur einen kleinen Troll zum Speisen und Naschen, sondern auch Schulkinder. Deshalb entschließen wir uns zu einem gemeinsamen Schulfrühstück.

☛ Ein solches Frühstück wird zur runden Sache, wenn man dazu die Ideen und Anleitungen aus *A345 und weiter geht's mit allen Sinnen,* AOL-Verlag, Bd.1, S. 20 ff zu Rate zieht.

TRAMPELPFAD

Ein Spiel mit großen Wortkarten und „lebenden Spielfiguren"

Zunächst schreiben die Kinder die T-Wörter auf große Wortkarten. Als Trampelpfad wird ein schmaler Weg auf den Schulhof aufgemalt. Dieser Pfad wird in viele Felder unterteilt. In einige der Felder legen die Kinder ihre „T-Wörter". Nun wird gewürfelt um die Anzahl der Felder zu ermitteln, die ein Spieler vorwärtsgehen darf. Kommt er dabei auf ein Wort mit einem T, darf er ein Feld weitergehen, hat das Wort zwei T, geht der Spieler um zwei Felder weiter usw. Liegt in dem Spielfeld aber ein Wort ohne den gesuchten Buchstaben, muss der betreffende Spieler zum Start zurück.

☛ Man kann den „Trampelpfad" auch auf einen großen Karton aufzeichnen und das Spiel mit kleinen Spielfiguren ausführen.

T- Wörter

1 T: Tor, Turm, Trab, Tür, Tier, Kater, raten, braten, stricken, beten, kneten

2 T: Tat, Tüte, Takt, Test, Taste, Start, Stift, Tomate, Tinte, Tante, Streit, Torte, tuten, treten, streiten

3 T: Titelseite, Turteltaube, Streitaxt, Tatort

4 T: Stuttgart, Trittleiter

5 T: Trittbrett

Wörter ohne T: Haus, Baum, Lampe, Schule ...

Wählen Sie Wörter aus dem zu übenden Wortschatz der Kinder.

☛ Die Kinder haben ganz einfach Spaß am „T" - zählen. Als Diktatübung würde ich das Spiel nicht aufziehen!

Unter unser buntes Tuch
rutschen zwei Vagabunden.

Schau in die Runde nun
und such.
Sag uns:
Wer ist denn nur verschwunden?

SPIELE MIT DEM SCHWUNGTUCH

a) Spiel mit einem Ball

Die Kinder spielen mit dem Schwungtuch (Schwung-
tücher und Fallschirme, die sich für diesen Zweck her-
vorragend eignen, gibt's beim AOL-Verlag). Sie lassen
einen Ball im Tuch umherrollen und sprechen dabei:

Rugle, kugle, bunte Kugel,
rugle kugle munter,

rugle, kugle, bunte Kugel,
kugle nur nicht runter.

b) Wer ist verschwunden?

Sie lassen das Tuch im Takt eines Musikstückes
schwingen und schweben, schließlich spielen sie das
Spiel zu dem Sprechvers „Unter unser buntes Tuch ..."
Ein Kind muss sich während des Sprechens umdre-
hen und die Augen zuhalten. Ein anderes geht um den
Kreis herum und tippt zwei Mitspieler/innen an, die
schnell unter das Tuch kriechen. Das Kind, das sich
umgedreht hatte, muss nun erraten, wer sich unter
dem Tuch versteckt hat.

c) Buchstabensuche

Unter dem Schwungtuch oder auch unter einer großen
Decke werden die Buchstaben versteckt, die zum Namen einer bekannten Stadt gehören. Alle Kinder sitzen
im Kreis um das Tuch. Aus ihrer Mitte werden so viele
Mitspieler zur Suchaktion aufgefordert, wie Buchstaben unter dem Tuch liegen. Wenn alle Buchstaben gefunden worden sind, versucht die Gruppe gemeinsam,
die Stadt zu erraten.

Variation:
Wir legen Fühl-, Ton- oder Holzbuchstaben unter das
Tuch. Die Kinder, die sie finden, rufen den anderen zu,
welchen Buchstaben sie erfühlt haben. Dann reichen
sie alle Buchstaben heraus, damit die Klasse das Wort
zusammenpuzzeln kann.
Erst wenn der Name der gesuchten Stadt erraten ist,
kommen die Kinder wieder unter dem Tuch hervor.

SPRECHVERS
(wird von allen gesprochen,
während die Kinder unter dem Tuch suchen):

Bruchpilot Urumu Mumu
sucht sein großes Buch
unter dunklen Urwaldblättern
nach seinem Flugversuch.

Buchstaben aus dem Buche,
ihr zeigt mir, was ich suche.
Buchstaben flugs zum Wort,
nennt mir den Anflugsort.

MÖGLICHE FUNDORTE

L $_U$ M   Ulm

U $_R$ B G   Burg

U B E $_M$ L   Blume

A $_U$ B $_M$ Baum

WÖRTER ESSEN WIE UMU, DAS UNGEHEUER
Mit Buchstaben aus einer Tüte „Russisches Brot"
schreiben die Kinder ihre Lieblingswörter und essen
sie danach auf.
Selbstverständlich können wir auch aus Hefeteig
Buchstaben formen. Hierzu werden kleine Hefeteig-
stücke mit beiden Händen zu langen dünnen Rollen
gewellt und danach in die richtige Form gebogen.

Variation:
Wir kochen eine Gemüsesuppe mit Buchstabennu-
deln. Nachdem die Wörter auf dem Tellerand „aufgebaut" wurden, werden sie verspeist.

Umu Ungeheuer

Ein nettes Ungeheuer, wisst,
ist Umu, der die Wörter frisst,
die euch nicht so behagen.
Der Umu wird nicht klagen.

Die Kinder gestalten aus großen Pappbögen oder dreidimensional aus Pappschachteln ein großes, buntes Ungeheuer. Umu, das Ungeheuer, wird nun mit Wortkärtchen „gefüttert", bis es alle ungangenehmen Wörter aufgefressen hat.

Wörterfutter für das Umu Ungeheuer

Unhold	**Ungetüm**	**Ungeheuer**	**Unrat**
Unrecht	**Unfall**	**Unsinn**	**Unglück**
unehrlich	**unheimlich**	**ungehobelt**	**unbeliebt**
ungesund	**unwirtlich**	**unüberlegt**	**unübersichtlich**
unverdaulich	**unverträglich**	**unschön**	**untauglich**

Achtung: Unterricht gehört nicht zu diesen Wörtern!

V v

Nachts, um vierundzwanzig Uhr,
beginnt die Vampirstunde.
Schrecklich viele Vampirkinder
tanzen eine Runde.

Schrecklich viele Vampirkinder
müssen ins Versteck,
bevor der erste Sonnenstrahl
fällt auf Vier-Vogel-Eck.

VRENI, DAS VAMPIRMÄDCHEN

Das Vampirmädchen Vreni
von Burg Vier-Vogel-Stein
schlief vor vierhundert Jahren
im Burgverliese ein.

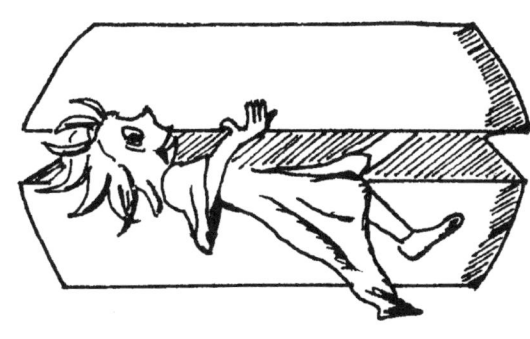

Als nach den vielen Jahren
erwacht die Vreni dann,
will sie vor lauter Hunger
verspeisen Frau und Mann.

Sie stürzt sich in die Halle,
verbeißt sich fest und wild
in eines Ritters Halse.
Doch, ach, es war sein Bild!

„Verdammt, das schmeckt abscheulich!"
schreit sie voll Ekel laut.
Verdrossen und verbiestert
sie das Papier zerkaut.

Dann sieht sie Herrn von Vrappe,
geschlossen das Visier.
„Verschanz dich nicht!" ruft Vreni,
„Die Vene knack ich dir!"

Sie schlägt die Vampirzähnchen
voll in das harte Blech.
Die Rüstung ist verlassen,
für Vreni großes Pech.

Sie zieht genervt und zappelt,
allein sie kommt nicht frei,
bis ein verliebter Knappe
zur Hilfe eilt herbei.

Mit Säge und mit Feile
die Vreni er befreit,
indem er jedem Vampirzahn
den rechten Schliff verleiht.

Das Vampirmädchen Vreni
mit veilchenblauer Haut
und violetten Haaren
wird ein brave Braut.

**Arbeitsanweisung zu dem Gedicht
Vreni, das Vampirmädchen:**
Schneidet die einzelnen Strophen und Bilder aus, malt die Zeichnungen an und gestaltet euch ein kleines Bilderbuch! Selbstverständlich könnt ihr auch eigene Bilder dazu malen!

VAMPIRSPIELE
Zunächst bilden sich Gruppen von 5 bis 6 „Vampirkindern". Als Gruft erhält jede Gruppe eine Turnmatte, die sie irgendwo am Rand der Halle hinlegt. Wenn alle Kinder auf den Matten sitzen, beginnt das erste Bewegungsspiel:

a) Vampirkinder unterwegs
Sprecher:
Es ist Nacht. Die Vampirkinder steigen vorsichtig aus ihrer Gruft. Sie schauen in alle Richtungen. Keine Gärtner mit Knoblauch in Sicht! Die Vampirkinder hüpfen wild herum.
Sie fassen sich zu dritt *(beliebige Anzahlveränderungen im Wechsel)* an der Hand und hüpfen im Kreis.
Sie führen Wettrennen durch. Sie probieren aus, wer am weitesten und am höchsten hüpfen kann.
Der Obervampir kommt zurück. Alle huschen blitzschnell ins Haus.
Die Vampirkinder wollen wieder ausfliegen. Der Gärtner ist aber in der Nähe. Sie kriechen aus der Gruft. Sie schleichen geduckt durch den Park. Sie gehen ganz leise. Gefahr! Alle gehen in die Hocke und machen sich ganz klein. Endlich ist der Gärtner verschwunden und die Vampirkinder können weiterspielen, bis der Obervampir wieder auftaucht. Husch! Alle rennen ins Haus und schlafen endlich ein!

b) Sport der Vampirkinder
Vampirkinder müssen gut klettern können. Sie klettern so schnell wie möglich auf die Sprossenwand und wieder herunter. Sie springen über Kästen und Pferde. Sie hangeln an der Sprossenwand, am Reck und am Barren.

c) Vampirfangen
Der Obervampir will die Kinder einfangen. Sie können sich nur in einer der Gruften in Sicherheit bringen. Dort müssen sie auf 10 zählen und wieder ausschwärmen. Wird eines der Vampirkinder abgeschlagen, wird es selbst zum Fänger.
d) Wörterpuzzle
Jede Gruppe erhält soviele Leerkärtchen, wie das zu suchende Wort Buchstaben hat, und einen Bleistift.

Alle Gruppenmitglieder sitzen in ihrer Gruft, zum Beispiel auf einer Turnmatte (zum Bau der Gruften ist der Phantasie aller Beteiligten natürlich keine Grenzen gesetzt). Nun verteilt die Lehrerin oder der Lehrer die jeweils groß auf eine Karte gedruckten oder geschriebenen Buchstaben des Wortes in der ganzen Halle. Die Buchstaben sollen allerdings nicht allzu weit erkennbar sein, denn jetzt schwärmen die Vampirkinder aus und versuchen, sich die ausgelegten Buchstaben zu merken. Sie bekommen vorher nur mitgeteilt, ab und wieviele Buchstaben doppelt vorkommen. Solange auf ein Instrument geschlagen wird oder Musik ertönt, dürfen sie unterwegs sein. Setzt das Geräusch aber aus, müssen alle so schnell wie möglich in ihrer Gruft verschwinden. (Man kann vereinbaren, daß das letzte Kind ausscheiden muß.) Hier schreibt der Spielleiter jeder Gruppe die von seinen Gruppenmitgliedern und von ihm gesichteten Buchstaben jeweils auf eines der Leerkärtchen. Nun kann die Gruppe versuchen das richtige Wort zu legen.

Wörtervorschlag: VAMPIRTANZ

Im Anschluss an dieses Spiel tanzen alle auf eine schaurige Musik.

✂ Turnmatten, Buchstaben- und Leerkärtchen, Bleistift, Handinstrument, Musik

VERHACKTER PFANNKUCHEN
Um uns grundlegend von Vreni, dem Vampirmädchen zu unterscheiden, verspeisen wir zum Buchstaben V ein völlig vegetarisches Essen:

Verhackter Pfannkuchen
Zutaten:
300 g Mehl,
1 Esslöffel Salz,
300 ml Milch,
6 Eier

Zubereitung:
Alle Zutaten werden zu einem glatten Teig verrührt. Von diesem Teig geben wir etwa die Menge für einen etwas dickeren Pfannkuchen in eine Pfanne mit heißem Fett. Nach dem Wenden wird der Pfannkuchen mit dem Pfannenheber in kleine Stücke zerteilt. Gegessen wird diese Speise entweder mit Apfelmus oder mit Salat.
Übrigens: „verhacken" bedeutet bei uns so viel wie „zerhacken"

W w

Am Weiher

Wildente Wurrliwax
watschelt um den Weiher,
durch die Wiesenwunderwelt
watet stolz der Reiher.

Beim Wiener Walzer
schwingt der kleine
Wasserläufer seine Beine.
Und Wolkenweich, der weiße Schwan,
schwimmt auf den Wellen
wie ein Kahn.

TANZSPIELE

Ententanz

Das frech-fröhliche Ententanzlied ist bei allen Kindern beliebt. Sie „watscheln" im Takt der Melodie. Dabei winkeln sie die Arme an und machen Klappbewegungen. Gemeinsam singen sie den Entensong-W-Text. (Ententanz – Hose/Rendall/Thomas – Primus/Magazine BMG Bertelsmann Musik Groups 74321 228482)

**Wilde Enten watscheln stumm
am Weiher rum, am Weiher rum.
Wilde Enten watscheln stumm
am Weiher rum ...** (Wiederholung)
**Es watet stolz der weise Reiher,
bewundert von der Watschelschar.
Sie wissen, so ein weiser Reiher
tanzt wunderbar, tanzt wunderbar.**

Wiener Walzer

Die Kinder bewegen sich im Walzertakt zur Walzermelodie „An der schönen blauen Donau". Sie können sich dabei ein Band um die Brust binden, an dem sie acht etwa 1m lange bunte Kordeln befestigen. Wenn sie sich dann drehen, schwingen diese Kordeln aus und bilden die langen Beine der Wasserläufer.

Tschaikowsky-Walzer

Kinder in weißer Kleidung tanzen einen Walzer aus dem Schwanensee.
Kostüme: Zu einem weißen Pulli oder Shirt und weißen Strumpfhosen tragen die Mädchen ein kurzes, weißes Tüllröckchen, das sich leicht aus Gardinenresten nähen lässt.
Kulissen: Diese Tänze wirken gut in einer einfachen, aber stimmungsvollen Kulisse, die wir aus grünen und blauen Tüchern und entsprechenden farblich abgestuften Scheinwerfern (im grünen Wiesenbereich hellere und im blauen Seebereich dunklere!) erstellen. Auch dünne grüne und blaue Folien (aus Abfallmaterial – im Elektrohandel von Weißgeräten zu bekommen) lassen sich gut in dieses Bühnenbild integrieren.

Bewegungsspiel: Wer will mit

**Wir wandern mit den weißen Wolken
durch's weite Himmelszelt,**
Arme nach oben
**wir wogen mit den wilden Wellen
in blauer Meereswelt.**
Arme nach unten

**Wer will mit, wer will mit,
will die Welt ansehen?
Willst du mit, willst du mit,
kannst du mit uns gehen.**

Zwei Kinder gehen durch die Reihen der anderen und machen dabei mit dem Oberkörper und den Armen wiegende Bewegungen.
Ab der Textstelle „Wer will mit ..." gehen sie im Sprechrhythmus während des Gehens jeweils kurz in die Hocke. Beim letzten Wort des Sprechverses klopfen sie dem Kind auf die Schultern, an dem sie in diesem Moment gerade vorbeigehen. Nun darf es sich ihnen anschließen und mitkommen. So wird im Verlauf des Spiels die „Schlange" der sich bewegenden Kinder immer länger.

WER WILL DEN WASSERFARBEN-WALZER MIT UNS TANZEN?

Die Kinder mischen unter Verwendung von Deckweiß die verschiedensten Blau- und Grüntöne.
Danach malen sie mit einem dicken Pinsel im Takt einer Walzermelodie, die wir hierzu abspielen, große Wellenlinien auf ihren Zeichenblock. Die entstehenden Wellen sollten zwei bis drei Zentimeter breit sein. Nach dem Trocknen werden sie ausgeschnitten und so auf ein Papier geklebt, dass in ihre Zwischenräume bunte „Watschelenten" eingefügt werden können.

Melodie: Donauwalzer

WÜRSTCHEN ESSEN

Beim **W** gibt es Wiener Würstchen. Sehr lustig wird dieses Würstchen-Essen, wenn wir die Wiener Würstchen an eine Schnur binden, die an einem langen Stock befestigt wird. Nun kann die Wurst wie an einem Angelhaken von dem einen Partner hochgehalten werden, während der andere versucht nach ihr zu schnappen, ohne die Hände als Hilfe zu benutzen.
Nach dem ersten Durchgang erfolgt der Partnerwechsel mit neuen Würstchen.
Man kann mit vier Würstchen ein wunderschönes W legen! Für Vegetarier können Sie Wecken, Weißbrot, Wildbeeren oder Weintrauben anbieten.

X x

Hexe Exe im Computer
hext die Wörter kurz und klein,
mixt sie flapsig fix und fertig
zu dem Hexen-Lexitein.

In einem Fax kann jeder lesen
was Xaver an die Nixen schrieb,
genauer, was dann nach dem Faxen
von Hexe Exe übrigblieb.

Xavers Fax:

Zum PLEXITANZ auf HEXENGLAS bei SCHWEINEBOX und MUSIKHAXEN im LUXUSKO, in MEXIBAD fährt euch mein SCHNURI TAXGERAD

XAVERS FAX – URSPRÜNGLICHE BEDEUTUNG

Damit die Schüler und Schülerinnen den Text besser entschlüsseln können, vergrößern wir die Wörter oder kopieren sie auf eine Folie für den Tageslichtschreiber. Die Kinder zerschneiden die Faxwörter an den entsprechenden Stellen und legen sie in der richtigen Bedeutung wieder zusammen.

PLEXITANZ   HEXENGLAS

SCHWEINEBOX   LUXUSKO

MUSIKHAXEN   MEXIBAD

SCHNURI   TAXGERAD

Lösungswörter: Plexiglas, Hexentanz, Schweinehaxen, Luxusbad, Musikbox, Mexiko, Taxi, schnurgerad.

HEXENHÄUSCHEN

Im Gegensatz zum Lebkuchenhexenhaus, das den Kindern aus der Adventszeit bekannt ist, basteln wir das gesunde Hexenhaus aus Knäckebrot.

Die „Klebestellen" bestehen aus Streichkäse oder aus Butter. Bunt verziert wird mit Gemüse und Salat.

SPIEL MIT ZUSAMMENGESETZTEN SUBSTANTIVEN

Die Wörter hier unten werden vergrößert und auf Kartonblätter geklebt, die mit einem Band versehen werden, so dass die Kinder sich die so entstandenen Schilder umhängen können.

HEXEN TANZ   XYOLOPHON SPIELER

PLEXI GLAS   MEXIKANER HUT

MUSIK BOX   KINDER LEXIKON

NIXEN BAD   SCHWEINE HAXEN

HEXEN HAUS   LUXUS WANNE

TAXI FAHRER   FAXEN MACHER

1. Variante:

Die Schülerinnen tanzen umeinander herum. Wenn die Musik stoppt, sucht sich jedes Kind einen Partner. Beide halten ihre Wortbausteine zusammen und lesen ihr Wort laut vor. Dabei haben sie die Wahl, welches Wort Grund- und welches Bestimmungswort werden soll. Wer das lustigste Wort bilden konnte, erhält den lautesten Beifall.

2. Variante:

Die Kinder versuchen beim Herumhüpfen den Partner zu finden, mit dem zusammen sie ein sinnvolles Wort zusammensetzen können. Beim Aussetzen der Musik geht es dann darum, möglichst schnell den richtigen Partner zu finden.

EIN X-(BELIEBIGES) SPIEL

Zu diesem Sprechvers gibt es folgende Spielidee:

Jeweils zwei Kinder stehen sich gegenüber und halten sich fest an beiden Händen. Ein drittes legt sich quer darüber und wird, solange alle Mitspieler den Vers aufsagen, von den beiden anderen Kindern getragen.

Danach wechseln sich die Spielpartner ab. Nach drei Durchgängen durfte jeder Mitspieler einmal „Taxi" fahren.

Hixe- Haxe- Hexerei,
der Xaver fährt im Taxi – frei.
Jedoch, er findet es verflixt,
weil er verhext im Taxi sitzt.

Hexenexpress

Heut hext die Hexe Mexe nicht,
sie reist nach Buxtehude,
fliegt fix auf ihrem Hexenbesen
zum Einkauf hin, die Gute.

Sie kauft ein Luxusnixenbad,
ein großes Lexikon,
die Musikbox für Hexentänze,
dann fliegt sie schnell davon.

„Die Sachen schickt mir per Express",
die Hexe Mexe spricht,
„mein Hexentaxi ist schon recht,
doch nicht für dies' Gewicht."

GESCHICKLICHKEITSSPIEL: TRANSPORT AUF DEM HEXENBESEN

Weil die Expresszustellung in den Hexenwald nicht funktioniert, beschließen immer zwei Hexen zusammen zum Einkaufen zu gehen. Sie halten ihre „Hexenbesen" (Gymnastikstäbe) parallel zwischen sich und stapeln eine Anzahl vorher bereitgestellter Verpackungskartons auf ihr Tragegerüst. Diese Kartons müssen sie zu einem bestimmten Platz tragen.

Verlieren die Kinder Kartons oder können sie nicht alle aufladen, müssen sie nach dem Abliefern der ersten Fracht zurückgehen und die restlichen oder die heruntergefallenen Kisten holen.

Dieses Spiel kann natürlich auch als Staffellauf gespielt werden. In diesem Fall muss eine Mannschaft die Kartons immer hin- und herbefördern, bis alle Kinder dieser Gruppe einmal dran waren.

☛ Besonders lustig wird das Spiel in Form einer Verkleidungsstaffel. Die Kinder müssen dann vor dem Transport lange Röcke und große Pantoffeln anziehen und sich ein Kopftuch und eine Schürze umbinden.

Y y

Cowboy Jonny reitet übers Land,
hält die Zügel fest in seiner Hand,
wenn er in die City reitet
stets die Mary ihn begleitet,
Cowboy Jonny reitet übers Land.
So ein Typ wie Jonny ist okay,
so ein Typ wie Jonny ist okay,
so ein Typ wie Jonny,
so ein Typ wie Jonny,
so ein Typ wie Jonny ist okay!

Schon als Baby ritt er übers Land,
hielt die Ponyzügel in der Hand
und wenn so ein Baby reitet
stets sein Teddy es begleitet,
schon als Baby ritt er übers Land.
So ein Typ wie Jonny ...

SPIELLIED

Die beiden Strophen werden nach der Melodie „Von den blauen Bergen kommen wir" gesungen. Dabei können die Kinder klatschen, mit den Fingern schnalzen, mit den Füßen stampfen oder im Kreis herumhüpfen.

☛ Das Lied eignet sich auch gut für eine kleine Aufführung. Jonny erscheint dann einmal in Cowboy-Ausrüstung und in Begleitung eines Mädchens auf einem Steckenpferd und einmal als Baby, ausgestattet mit Schnuller und Teddy.

DIE BÄRENFAMILIE

Stoffbären nähen

Die Kinder nähen kleine Stoffbären. Das Muster für Baby Jimmy kann direkt übernommen werden, die Schnitte für die Restfamilie werden entsprechend vergrößert.

Arbeitsanleitung: Muster auf Papier übertragen, ausschneiden und auf den Stoff legen. Mit Kreide umfahren und ausschneiden. Nase und Mund in das Gesicht sticken und die Augen aus weißem und schwarzem Filz aufnähen. Nun die beiden Stoffteile mit der rechten Seite nach innen aufeinanderlegen und mit Steppstichen umnähen. Öffnung zum Wenden lassen. Danach wird der Bär gewendet, mit Rohwolle ausgestopft und zugenäht.

Sabberlätzchen: Timmy und Lucy bekommen ein Sabberlätzchen, auf das die Schüler und Schülerinnen den Namen der kleinen Bären sticken oder mit Stoff-Farbe aufmalen.

Schärpe und Schleife: Aus einem breiten Taftband erhalten der Bärenvater eine Schärpe und die Bärenmutter eine Schleife, auf denen ebenfalls die Namenszüge stehen sollten.

✂ Stoffe, Filzreste für die Augen,
   Stickgarn, Nähseide

Die Bärenfamilie

Teddy Bär heißt der Papa,
Nelly Bär die Frau Mama,
Lucy heißt das Töchterlein,
Baby Jimmy ist noch klein.

Brief an einen, der verreisen will!

Kommst du ins Land der Pyramiden,
dann schreibe auf Papyrus mir!
Du solltest dich vor Typhus hüten,
auch Labyrinthe schaden dir!

Triffst du Tyrannen, reise weiter!
Auch Pythons sind nicht sehr gesund.
Wer sie nicht streichelt, ist gescheiter,
denn eine Python ist kein Hund!

In jeder City dieser Welt,
bestaune das,
was dir gefällt!

ESSBARE PYRAMIDEN
Aus Schwarz- und Weißbrotscheiben werden ver-
schieden große Quadrate ausgeschnitten, die mit einem Brotaufstrich ihrer Wahl von den Kindern zur „Pyramide" aufgeschichtet werden.
Schwarze und weiße Scheiben wechseln sich dabei
ab.

AKTIONEN
• Die Kinder gestalten eine Wandzeitung als „Reise-
bericht". Alle möglichen Y-Wörter werden aufge-
schrieben und illustriert (siehe Abbildungen).

Weitere Vorschläge für eine Wandzeitung:
Xylophon, Styropor, Tyrannosaurus Rex, Yacht

• Wir pflanzen Zyperngras an. Ableger kann man ge-
winnen, wenn man einen „Wedel" einer Pflanze ab-
schneidet und mit dem „Kopf" voran in ein Glas
Wasser steckt. Nach einigen Wochen bilden sich
die ersten kleinen Wurzeln.

• Die Kinder schreiben auf selbstgeschöpftes oder
marmoriertes Papier mit Federkielen Briefe an ihre
Mitschüler.

Pyramide

Zyperngras

Labyrinth

City

Yak

Teddy

Python

Z z

Die Zeiger auf dem Ziffernblatt,
das zwölf verzierte Zahlen hat,
sie ziehen ihre Runden.
Sie sind dem Zentrum stets verbunden
und zeigen dir die Zeit, die Stunden,
in denen du zur Schule eilst,
in denen du zu Haus' verweilst.
Und ob du zögerst, dich beeilst,
sie zaudern nicht beim Drehen.
Auch du kannst ruhig gehen!

WEN DIE ZEIGER ZEIGEN!
Die Zahlen von 1 bis 24 werden auf Tonpapierbögen in DIN A4 geschrieben, 1 bis 12 in einer Farbe, 13 bis 24 in einer anderen. Die Blätter können mit kleinen Motiven bunt ausgestaltet werden, wobei man allerdings darauf achten muss, dass sich die Zahl klar und deutlich von dieser Umrandung und dem farbigen Untergrund unterscheidet und weit sichtbar ist.

✂ 24 Tonpapierbögen DIN A4, Farben

Diese Zahlenblätter werden in einem sehr großen Kreis entsprechend der Anordnung des Ziffernblattes einer Uhr auf dem Zimmer- oder Hallenboden ausgelegt. Als Orientierungspunkte kann man vorher Gymnastikkeulen aufstellen. Die Zahlen 1 bis 12 bilden den Außen-, die Zahlen 13 bis 24 den Innenkreis. Die Schülergruppen gehen danach außen, bzw. innen um diesen Zahlenkreis herum und sprechen das Gedicht von Seite 94 dazu. Ist es beendet, geht jedes Kind bis zur nächsten Zahl vor und bleibt dort stehen. Sind mehr als 24 Kinder in einer Klasse, können die restlichen die Uhrzeiger spielen.
Alle Kinder üben in mehreren Durchgängen sich in einer Reihe an den Händen zu fassen und wie ein Uhrzeiger auf einer Linie zu gehen. Der Minutenzeiger soll sich schneller drehen als der Stundenzeiger.
Die Kinder, die den großen Zeiger spielen, müssen deshalb immer wieder die Hände der anderen loslassen und zwischen den Kindern des kleinen Zeigers durchschlüpfen.

Variation:
• Nach dem Stichwort „ruhig gehen", versuchen die Mitspieler ganz schnell sich neben der nächsten Zahl auf den Boden zu setzen. Diejenigen, denen das zuletzt gelingt, werden im nächsten Durchgang Uhrzeiger.
• Die Schüler und Schülerinnen, die neben den Kindern zum Stehen kommen, die Zeiger spielen, wechseln mit diesen die Plätze.
• Es werden nur die Zahlen bis zwölf ausgelegt. Kinder, die bei einer Zahl mit einem „Z" im Namen zum Stehen kommen, müssen im nächsten Durchgang im Innern der Uhr rückwärts gehen.
• Um den Außenkreis gehen mehr als 12 Kinder. Die restlichen Schülerinnen und Schüler bilden die Uhrzeiger und bewegen sich dementsprechend im Innern der „Uhr". Der Spielleiter schlägt das Tamburin. Nach einem kräftigen Schlag, bricht er das Spiel abrupt ab. Nun müssen sich die Kinder auf dem Außenkreis schnell den Platz bei einer der 12 Ziffern sichern. Wer keinen mehr bekommt, löst „Uhrzeigerkinder" ab, die nun während der nächsten Spielrunde auf dem Außenkreis mitgehen dürfen.
• Der Spielleiter bestimmt die Dauer des Spieles wieder mit einem Handinstrument. Die Hälfte der Klasse geht im Uhrzeigersinn im Innenkreis, die andere Hälfte im Außenkreis in entgegengesetzter Richtung. Beim Zeichen für „stop" halten die Teilnehmer bei der nächsten Ziffer an. Die Kinder, die bei demselben Zahlenschild zum Stehen gekommen sind, führen gemeinsam eine kleine Turnübung durch.
• Wir stellen neben jedes Zahlenschild einen Stuhl. Alle Mitspieler, immer einer mehr als die aufgestellten Stühle, gehen während des Sprechens langsam um die Stühle herum. Ist das Gedicht zu Ende, müssen sich alle schnell einen Stuhl ergattern. Wer keinen bekommt, darf bei der nächsten Runde im Innern der Uhr den Rhythmus klatschen.

Beispiele für Zahlenblätter

UHRZEITEN ZEIGEN

Zwei Schülergruppen von drei bzw. sechs Kindern spielen die Uhrzeiger. Der Spielleiter oder ein Mitspieler nennt ihnen eine Uhrzeit, die sie zeigen sollen.

DAS ESSBARE ZIFFERNBLATT

Unser Ziffernblatt besteht aus einem Bisquitboden und wird mit Bananenscheiben, Orangenschnitzen und Trauben ausgestaltet. Die Ziffern und Zeiger werden mit Sahne aufgespritzt.

Sie zeigen den Beginn der großen Pause, wenn zu diesem Zeitpunkt gegessen werden soll oder die Zeit des Unterrichtsbeginnes der Klasse, um diesen Zeitpunkt mit angenehmen Sinnesempfindungen in Verbindung zu bringen.

EIN SPIELGEDICHT

Nachdem die Kinder das unten stehende Gedicht **Der Zottelbär** mehrmals gesprochen, geklatscht, die „Z" gefärbt und gezählt haben und nachdem sie sich alle

im Sprechrhythmus wie kleine Zottelbären „schwerfällig" bewegen durften, wird es, am besten in der Turnhalle, im Musikraum oder auch auf dem Schulhof gespielt.

Ein Kind spielt den Zottelbär. Wenn von allen Spielteilnehmern Strophe 1 aufgesagt wird, setzt es sich in die Mitte seiner Mitschüler und Mitschülerinnen. Sprechen diese Strophe 2, zeigt es mit leidender Miene auf seine Nase.

Während eine kleine Tanzmusik erklingt, tanzen die Kinder einzeln oder paarweise um den kleinen Zottelbären herum. Wird die Musik gestoppt, sagt eine Mitschülerin die 3. Strophe auf und bläst anschließend den Schmerz von Zottelbärs Nase weg. Sie muss dabei etwas Mut beweisen, denn der Zottelbär soll jetzt die Augen schließen, laut bis drei zählen und sich dann in eine Biene verwandeln, um einen anderen Mitspieler zu fangen, der in der nächsten Tanzrunde die Rolle des Zottelbärs übernehmen wird. Als Musik dazu eignet sich jeder beliebige kleine Tanz.

Der Zottelbär

Vom Zirkus Zapp der Zottelbär
verzichtet jetzt aufs Tanzen,
sitzt auf dem Platz da, schaut nur her!
Hat er im Pelz denn Wanzen?

Der arme kleine Zottelbär
zeigt mit gequälter Miene
sein stark zerschund'nes Näschen her
dort stach ihn eine Biene.

Armer kleiner Zottelbär,
du hast's im Zirkus ziemlich schwer,
schnell, zeig' mir deine Nase,
dass ich den Schmerz wegblase!

II. SPIELE MIT BUCHSTABEN

„Gewusel, wuseln, herumwuseln: das ist doch eine ganz typische Bewegungsart für Kinder, eine Bewegungsart, die spielerisch ist, ungeplant, aber voller Energie. Herumwuseln bedeutet aktiv sein, sich freuen. Herumwuseln auch im Zusammenhang mit zu erlernenden Buchstaben und Wörtern! Genau darum geht es in diesem Teil des Buches.

BUNTE BUCHSTABEN ZUM HERUMWUSELN
Die Buchstaben auf den Seiten 100 bis 106 sollten, wenn möglich, auf einem Kopiergerät vergrößert werden. Sie müssen auf jeden Fall die Seiten 100 bis 104 kopieren. Bei den Buchstaben G, I, J, K, M kommt es darauf an, in welchem Bundesland Sie leben und unterrichten.
Je nachdem, welche Buchstaben Sie brauchen, kopieren Sie dann die Süd- oder die Nord-Version auf den Seiten 105+106. Nach dem Kopieren können die Kinder sie anmalen und auf feste, DIN-A4-große Kartons aufkleben. Diese Kartons werden gelocht und mit einem Band versehen, damit sie zum Spielen umgehängt werden können.

1. BUCHSTABENGEWUSEL

a) Buchstabenordnung
Alle Buchstaben des ABC werden an die Kinder verteilt. Sie tanzen und wuseln zu den Klängen einer beliebten Melodie frei im Raum herum (Aula oder Turnhalle bieten hierzu den meisten Platz!).
Wird die Musik abgebrochen, stellen sich alle Buchstabenkinder schnell in der Abfolge des ABC in einer langen Reihe auf. Vom Absetzen der Musik bis zur Fertigstellung der geordneten Reihe kann die Zeit gestoppt werden. In mehreren Durchgängen wird erprobt, ob eine Zeitsteigerung möglich ist.

☛ Dieses Spiel kann eingesetzt werden, wenn die Kinder alle Buchstaben des Alphabetes kennen.
Sind weniger als 26 Schülerinnen und Schüler in der Klasse, erhalten einige von ihnen zwei aufeinanderfolgende Buchstaben, sind es mehr Kinder als Buchstaben, werden die übrig gebliebenen für eine Spielrunde als Zeitstopper eingesetzt oder als Helfer beim

Aufstellen. Im nächsten Durchgang nehmen dann z.B. diejenigen die Zeit, die sich als letzte (oder erste) Spielerinnen und Spieler in die Reihe eingeordnet hatten.

Variationen:
Die Buchstaben werden in zwei oder auch mehrere Gruppen eingeteilt.
Welche Gruppe schafft es nun schneller ihre genaue Abfolge zu finden, A bis M oder N bis Z?
Immer zwei Kinder mit aufeinanderfolgenden Buchstaben sollen nach Absetzen der Musik ein Paar bilden und sich an den Händen fassen.
Welches Paar hat sich am schnellsten gefunden?
Welche Kinder benötigen die meiste Zeit?
Wer findet gar keinen Partner mehr, weil sich der infrage kommende bereits mit dem nachfolgenden oder vorangegangenen Buchstaben zusammengetan hat?

b) Buchstabentausch
Ein Spiel für Kinder, die das ABC kennen und auch schon buchstabieren können.

Jedes Kind bekommt einen Buchstaben des ABC umgehängt, aber so, dass er auf der körperzugewandten Seite des Blattes steht und somit für die Mitspieler nicht zu sehen ist. Danach bilden alle Kinder einen großen Kreis, eines von ihnen steht in der Kreismitte. Nun ruft das Kind im Kreis zwei Buchstaben auf, die die Plätze tauschen müssen. Sobald diese loslaufen, versucht es jedoch, einen der freigewordenen Plätze zu erhaschen. Gelingt dies, wird es in der Kreismitte von dem Mitschüler abgelöst, der zu spät ankam.

Bevor das Spiel dann weitergeht, zeigen die drei Kinder kurz ihre Buchstabenkarten, so dass diese von den anderen memoriert werden können.

☛ Das Spiel eignet sich besonders gut zum Erkennen von Anlauten, denn zur besseren Verständlichkeit der aufgerufenen Laute werden die Schüler und Schülerinnen bald sagen müssen B wie Ball oder H wie Hahn.
Setzt man das Spiel zu einem Zeitpunkt ein, an dem noch nicht alle Kinder alle Buchstaben gut gespeichert haben, können die Schülerinnen und Schüler

die Karten auch so umhängen, dass alle Grapheme deutlich zu sehen sind. So verliert das Spiel zwar etwas an Spannung, die Aufgerufenen müssen auch nicht mehr versuchen, sich heimlich zu verständigen, andererseits wird es aber zu einer Übung, die stressfrei und begeistert auch von Kindern durchgeführt wird, die irgendwo noch Probleme haben.

Besonders lerneffektiv für Fördergruppen wird das Spiel, wenn das Buchstabenschild mit der Grafik des betreffenden Anlautes ausgestaltet wird.

2. LEBENDIGE WÖRTER

Bei den nachfolgenden Spielen müssen nicht immer alle Buchstaben des Alphabetes in der Spielgruppe vorhanden sein. Soll ein bestimmter Wortschatz geübt werden, kann man für häufig vorkommende Buchstaben viele Karten anfertigen lassen.

a) Wörterzug
Ein Kind sagt: Ich möchte einen Wörterzug zum Wort „Apfel". Dann ruft es nacheinander die aufeinanderfolgenden Buchstaben des Wortes auf.
Die Mitschülerinnen und Mitschüler, die den betreffenden Buchstaben umgehängt haben, bilden einen kleinen Wörterzug. Stimmt der Wörterzug, darf das Kind, das ihn zusammengestellt hat, die Lokomotive bilden und seine Wagen zu einer passenden Melodie im Zimmer herumführen.

☛ Dieses Spiel ist besonders für ausgesprochen kinästhetische Lerntypen geeignet. Es gibt Kinder, denen der Wortaufbau erst richtig gelingt, wenn sie ein solches lebendiges Wort zusammenstellen können.

Variation
Der Anfangsbuchstabe eines Wortes wird genannt. Das Kind, das diesen Buchstaben hat, nennt ein passendes Wort und ruft seinen Nachfolger neben sich. Dieser wiederum nennt den dritten Buchstaben, der dritte den vierten usw.
Auch hier darf der Zug erst abfahren, wenn das dargestellte Wort fehlerfrei aufgebaut wurde.

b) Wörter fangen
Jedes Kind hängt sich wieder eine Buchstabenkarte um. Bei diesem Spiel verzichten wir weitgehend auf die „Exoten" unter den Buchstaben und lassen dafür mehrere häufig gebrauchte wie E, S, T, R usw. mitspielen.

Nun werden aus einem Behälter mit Buchstaben aus Holz, Ton oder Fühlbuchstaben drei herausgezogen. Die Kinder, die einen von ihnen umgehängt haben, denken sich schnell ein Wort aus, das mit diesem Laut beginnt und fangen sich so schnell wie möglich ihre Wortmitglieder der Reihenfolge nach ein. Alle Gefangenen hängen sich an ihren Anfangsbuchstaben, so dass zum Schluss ganze Kinderketten als Fänger unterwegs sind.

Variation:
Jeder Buchstabe des Alphabetes ist nur einmal vertreten. In diesem Fall müssen sich die Kinder vor dem Spiel Wörter ausdenken, in denen jeder Laut nur einmal vorkommt. Es ist günstig, wenn hier immer nur ein Kind ein Wort einfangen muss, weil sonst sehr schnell Buchstaben fehlen könnten. Nach dem Spiel wird dann verglichen, wer das längste Wort einfangen konnte.
Mögliche Wörter wären z. B.: Rosenbaum, Blumentopf, Trauben, Ampel, Schule, Baumrinde, Zirkusclown.

c) Gruppenlauf
In jede Ecke der Halle wird eine Turnmatte gelegt. Nun werden vier gleichstarke Gruppen gebildet. Jede Kindergruppe denkt sich ein Wort aus und hängt sich die Buchstaben dazu um. Bei Spielbeginn sitzen dann alle Teilnehmer auf ihrer jeweiligen Matte und zwar in der Reihenfolge der Buchstaben eines Wortes.

Haben wir nun z. B. folgende vier Gruppen: Blumen, Inseln, Schiff, Träume, kann der Spielführer zwei oder mehrere aufrufen. Die Kinder der genannten Spielgruppen müssen dann einmal um die ganze Halle sausen (am besten außen um die Matten) und sich dann schnell wieder als Wort zusammensetzen. Sieger ist die Spielgruppe, die am schnellsten wieder in der richtigen Anordnung auf ihrer Matte sitzt.

d) Verwandlungswörter
Auch bei diesem Spiel stellen Kinder, die sich Buchstaben umgehängt haben, selbst die Wörter dar. Die Erzählgedichte auf Seiten 107 bis 128 geben die Spielhandlung vor. Jeweils die in Versalien, also in Großbuchstaben, gedruckten Wörter werden von Schülerinnen und Schülern als Wortbild dargestellt. Hierfür bilden sie eine Wortkette, wobei sie sich je nach Wortbedeutung an den Händen oder an den Schultern fassen.

Selbstverständlich dürfen die „Wortketten" auch den erzählten Inhalt der Texte nachspielen. So kann z.B. „Wurm Napfel" mitten durch das Wort „Apfel" durchschlüfen (S. 107) oder das Wort „Brücke" (S. 108) in der Mitte entzweibrechen, wenn ihm der „Bär" zu nahe kommt. Die drei Kinder, die das Wort Bär demonstrieren, sollten natürlich trampeln und schwerfällig gehen wie ein richtiger Bär und dann beim Blubbblubb in den imaginären Fluss eintauchen.

Bei Texten, wie z. B. dem W-Text (Seite 127) stellen sich die Kinder mit den Buchstaben in eine Reihe und spielen dann in sanften, wallenden Bewegungen die Wellen und Wolken nach, während die Kinder mit dem Wort „Wind" als pustende Wörterkette um die Wellen und Wolken herumtanzen.
Ein Sprecher liest den Text vor und macht immer wieder eine Pause, wenn ein Buchstabe, d.h. ein Kind mit dem betreffenden Buchstaben, ausgetauscht wird. Sehr schön werden solche Spiele, wenn man Seidentücher und Musik dazu einsetzt. Wird diese Musik mit einfachen Rhythmusinstrumenten erzeugt, kann selbst bei so kleinen Spielhandlungen fast die ganze Klasse in Bewegung geraten.
Texte, wie der zum E, (S. 111) oder zu H (S. 114) sind

gezielte Wortspielereien, bei denen einzelne Buchstaben aus der Wortkette ausgetauscht werden, um die Bedeutung des Wortes zu verändern. Wenn die Kinder diese Spiele durchführen, können sie Sprachaufbau spielerisch handelnd am eigenen Leib erproben. Bei individueller Arbeit mit den Erzählgedichten (natürlich auch als Partnerarbeit möglich) dürfen die Kinder den zu bearbeitenden Laut farblich hervorheben, außerdem wird der Wortaufbau sehr anschaulich durchstrukturiert, wenn die Schülerinnen und Schüler in den Versalien immer die Buchstaben farblich markieren, die sich geändert haben.

☞ Die Texte sind so aufgebaut, dass sich die Wortbedeutung durch Austauschen oder Hinzufügen weniger Buchstaben ändern. Somit ergibt dieses Spiel eine gezielte Übungsmöglichkeit sowohl für den Wortaufbau als auch für die optische und akustische Analyse von Wörtern.
Auch eine Binnendifferenzierung ist mit dem Material vorgegeben: Gute Leser werden den Text als Ganzes vorlesen, immer mit den notwendigen Spielpausen, ausgesprochen haptisch lernende Kindern können es übernehmen die Wörter darzustellen bzw. die aufgerufenen Buchstaben auszutauschen.

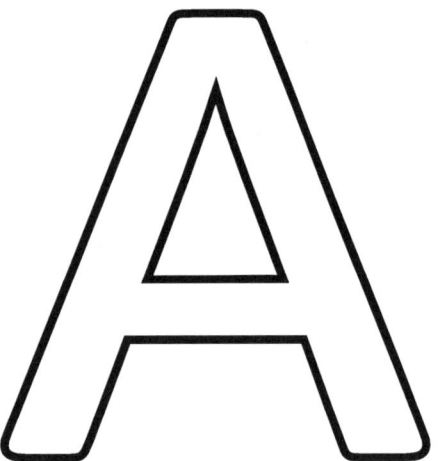
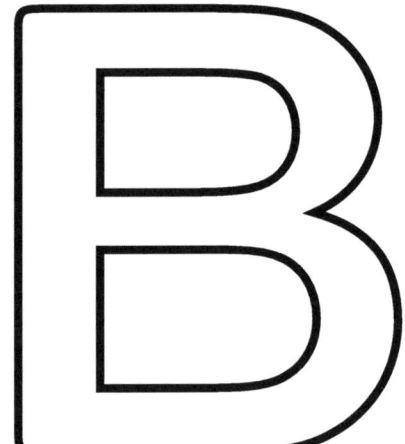
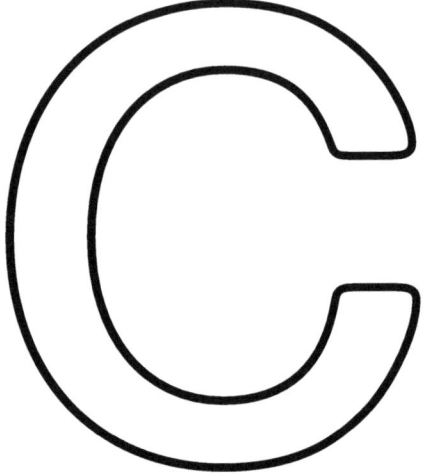
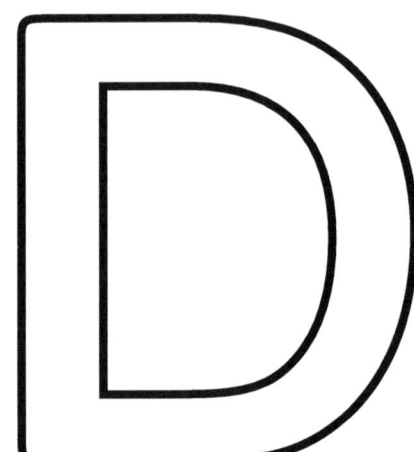

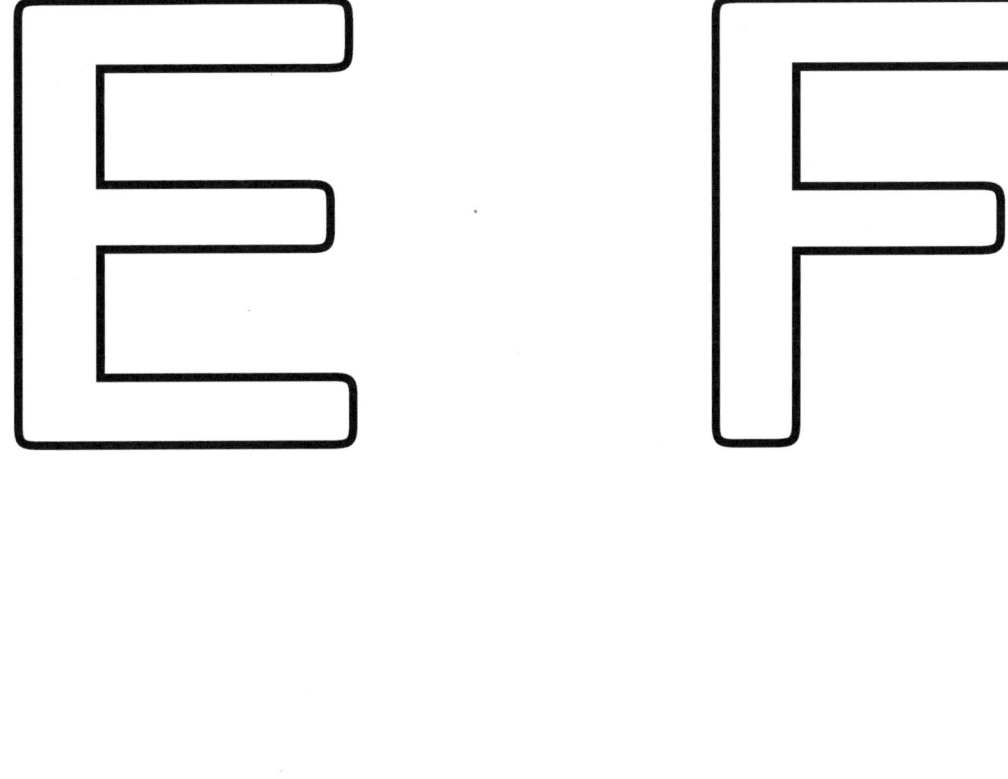

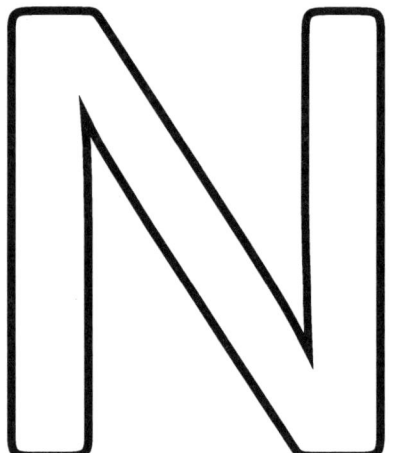
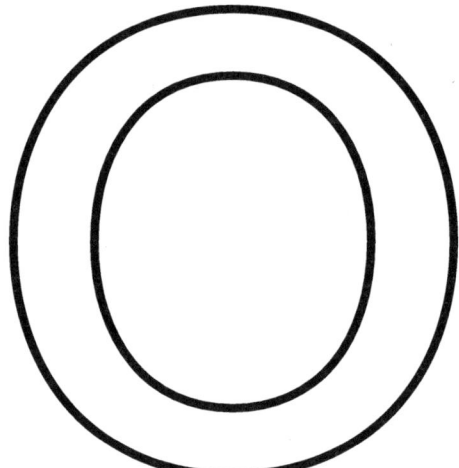
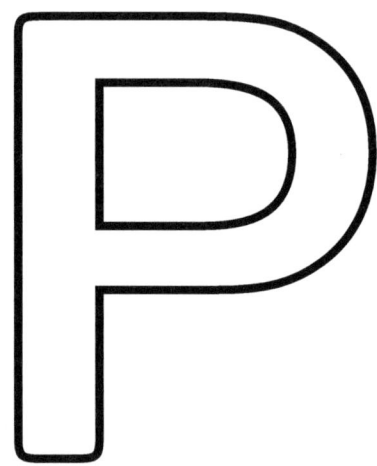
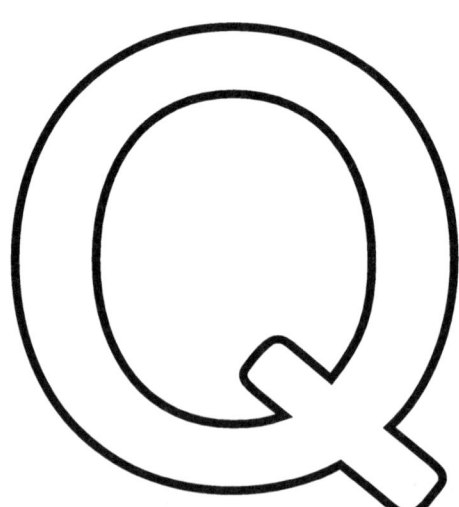

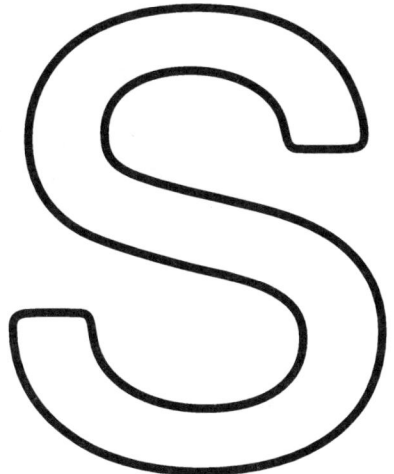

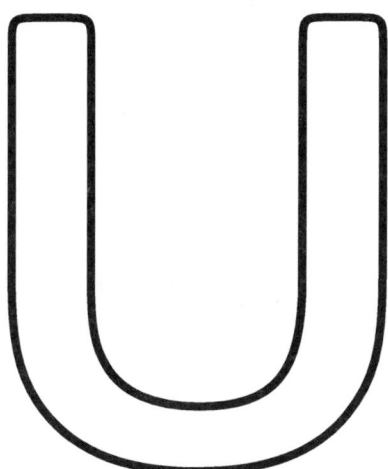

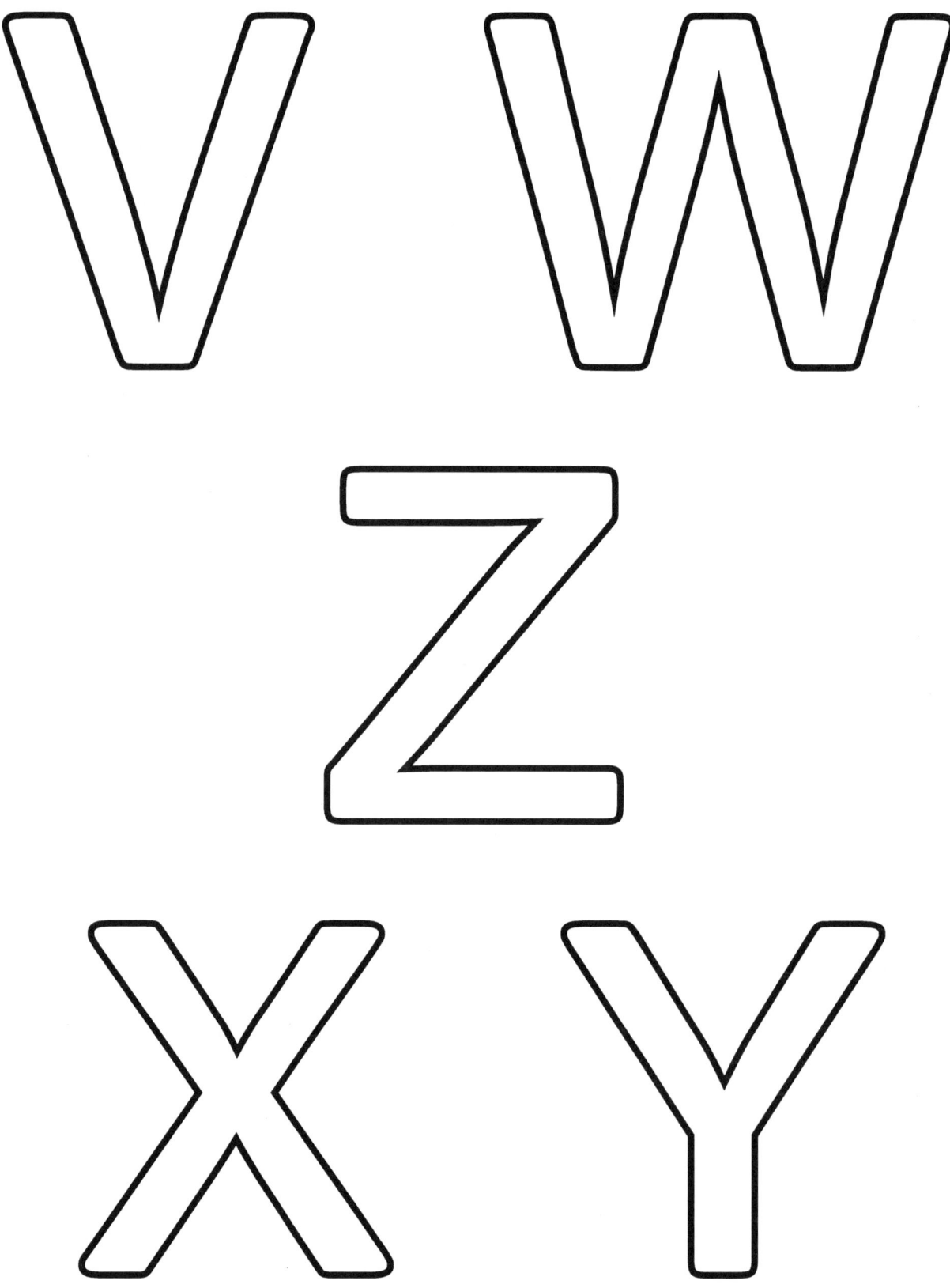

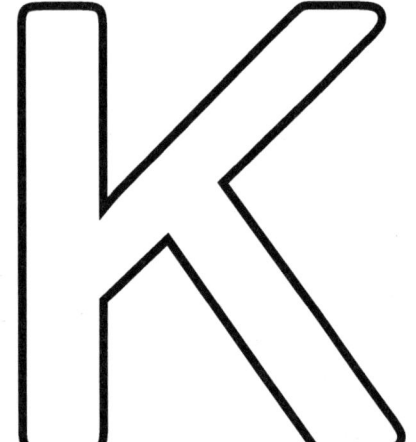 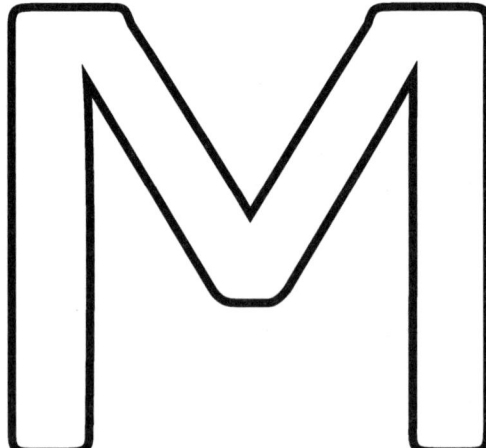

A a

Wurm NAPFEL

nagt sich durch den APFEL.

Er schmatzt genüsslich: A !

Wurm NAPFEL

mag auch ANANAS.

Er sagt laut: A A A

Jedoch die harte Außenhaut

ist etwas, wovor's Napfel graut.

NA NA NA NA NA NA

B b

BÄR Biff
tritt auf die BRÜCKE.

Es macht
bedrohlich: KRACH!

Die BRÜCKE
hat 'ne LÜCKE.

BÄR Biff fällt in den
BACH,
ACH
ACH!

blubb blubb blubb blubb blubb

C c

Clown   CARLOS

du schnarchst fürchterlich

wachst du nicht auf,

dann weck ich

dich!

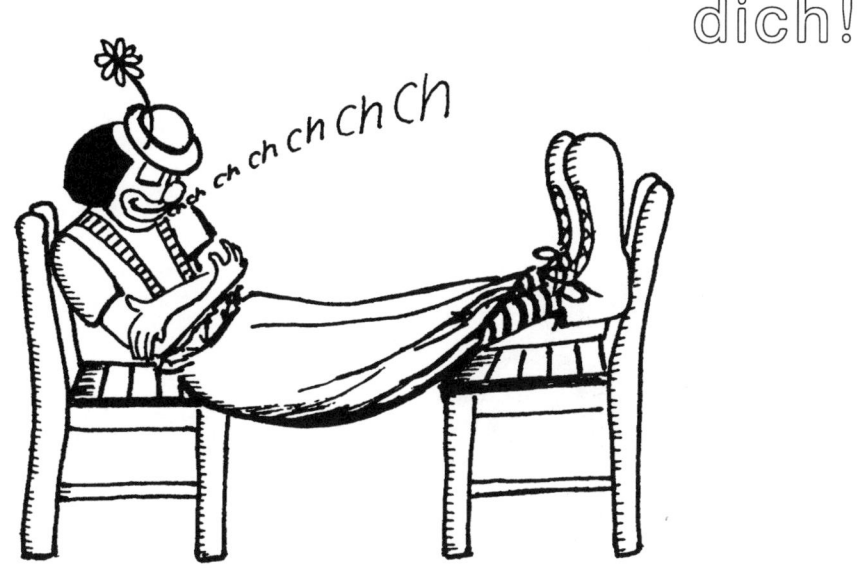

D d

Drei dicke   DOSEN,

gefüllt mit   LOSEN

umhüllt mit   LODEN,

standen im   LADEN.

Mit dicken   WADEN

kam in den   LADEN

ein dünner   DIEB

doch der war   LIEB.

Er ließ die   DOSEN

mit all den   LOSEN

umhüllt mit   LODEN

im   LADEN stehen.

Ihr könnt

jetzt gehen.

E e

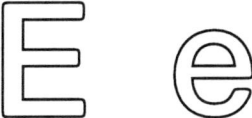

An der ECKE
eine HECKE,

an der DECKE
eine DICKE
störend grüne WICKE.

Schneide

ZWICKE
ZWACKE
ZWECKE,

einfach ab die
HECKE!

F f

FFF FFF FFF   durch die LUFT

FFF FFF FFF   ein feiner DUFT,

FFF FFF FFF

die Mutter RUFT:

FFF FFF FFF

der Fisch brennt an!

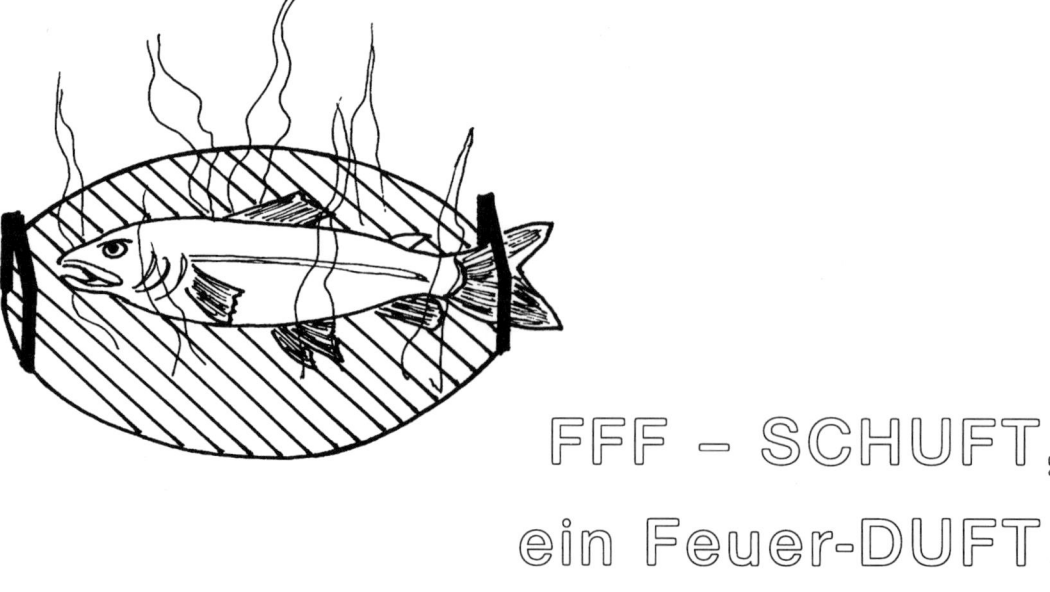

FFF – SCHUFT,
ein Feuer-DUFT!

G g

GA – GA – GAG   der GÄNSERICH,

GA – GA – GAG   die GANS

glauben an ihr   GÄNSEGLÜCK.

Sie gehen   schnatternd

noch ein STÜCK,

legen dann ein   GÄNSE-EI,

bald schon   sind sie DREI.

H

HA

HAT

HATSCHI

HAT

HEU

HEULE nicht

EULE

HA

HA

I i

Iggi, der kleine   IGEL
                                SPRICHT,
die fette MILCH
       bekommt mir   NICHT.

So SITZT der KNILCH in seiner
                    MILCH

und SPRITZT.

                    Als er mich sieht,
       FLITZT er vor Schreck
total ERHITZT,
            als hätte er die MILCH
STIBITZT,
            in sein Versteck.

J j

JA,
sagt JASMIN,
JOJO
spielt JOCHEN.

Der JUNGE
hat mir fest versprochen,
dass er mir zeigt,
wie man das macht.
doch jetzt ist diese Schnur
gekracht.
Und
JOCHENS
JOJO
rollt davon,
das ist ein Hohn!

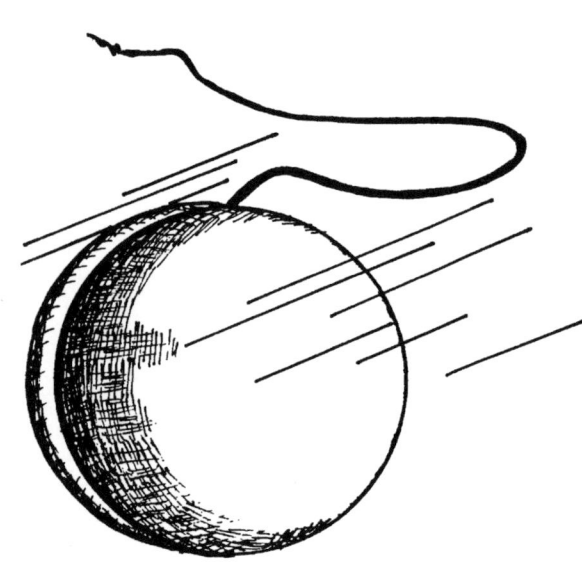

K k

Wenn beim   KEGELN
KUGELN
RUGELN
und keine   KUGEL
KEGEL fällt,
kannst du dich   vor Lachen
kugeln
oder weinen   für dein Geld.

L l

Auf meiner   LIEGE

LIEGT

eine   FLIEGE.

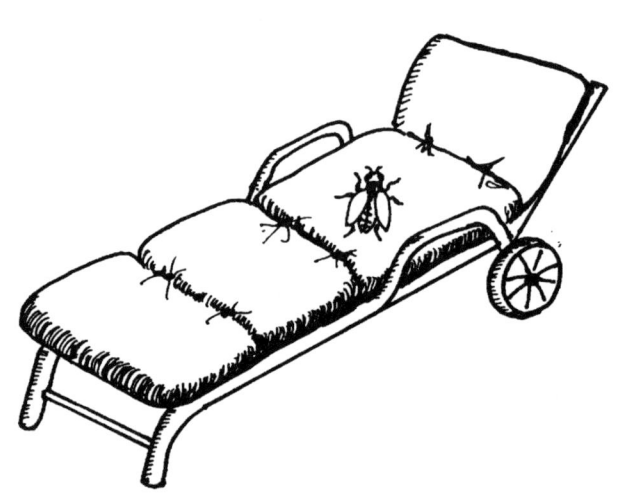

FLIEGE,

FLIEGE,

FLIEGE frei,

denn wenn ich

auf die   LIEGE

LIEGE,

und du   LIEGST da,

dann wirst du   Brei!

M m

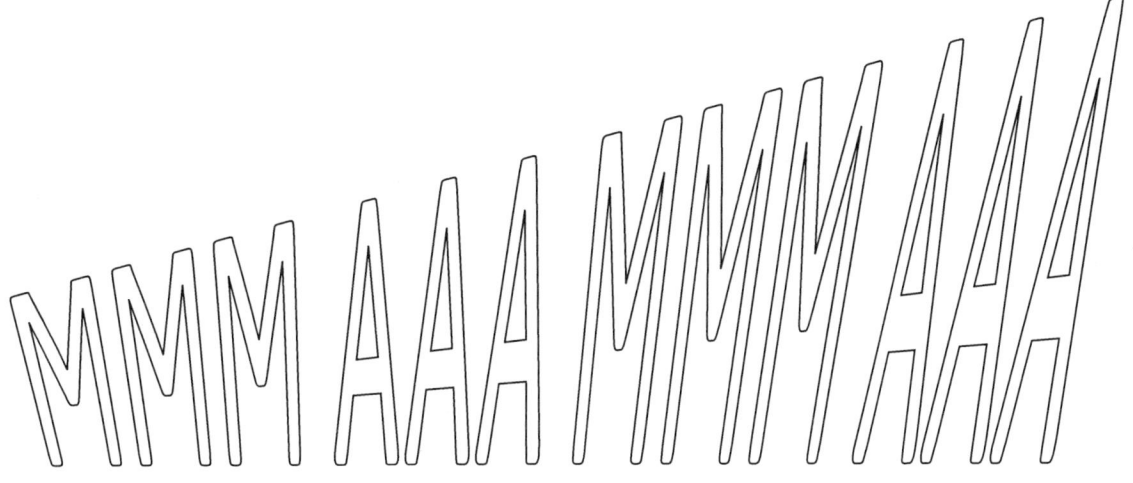

Die MAMA
MACHT
aus MARZIPAN
mir eine süße MAUS.
Ich mache
meinen MUND weit auf,
UND mit der
MAUS ist's
AUS.

N n

Lass dich   NICHT
bei   NACHT
und   NEBEL
in   NOBEL-AUTOS
LADEN,

DENN   die gehen
DANN   und
WANN   in kalter
Nässe BADEN.

NOBEL-AUTO

O o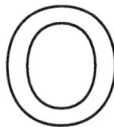

OOO und   AAA

und

OOO und   AAA

Fotos zeigt   die OMAMA:

'nen STORCH   im ZOO
und HORCH,
'nen FROSCH   im KLO.

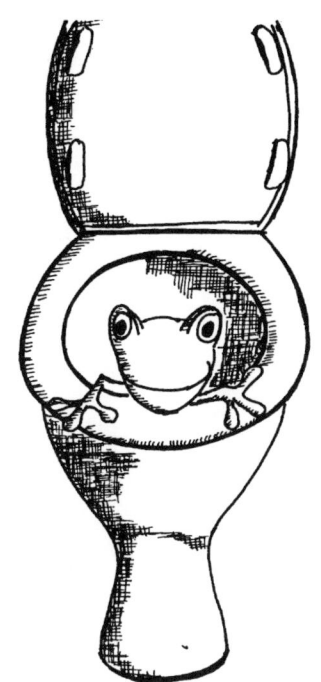

O no

O no – o no

O no – o no – o no

P p

Deine   PUPPE
ist aus   PAPPE!
Plumpst die   PUPPE
in die   SUPPE,
wird sie Matsch.

So ein Quatsch!

Peter, lass das
mit der PAPPE,
sei so gut und
halt die KLAPPE,
weil ich mein süßes   PUPPENKIND
so prächtig und so   putzig find'.

R r

RASEN

RIESEN

über   WIESEN

PENNE nicht

und   FLENNE nicht,

RENNE,

RETTE,

RATTE, dich!

Denn unter riesiggroßen Füßen

lebt es sich ganz fürchterlich.

S s

S S S

Der Wind weht LEISE

S S S

er bläst so sacht, wispert seine

sanfte WEISE,

habe auf das

Windlied acht!

SAUSE, PUSTE, SUMME

BRAUSE, PRUSTE, BRUMME

und dann wieder sanft

VERSTUMME!

T t

TIGER TIM,

der trinkt gern TEE,

steht auf alle SORTEN.

Er trocknet

Kräuter und auch   KLEE,

HORTET

an vielen ORTEN.

TIGER TOM isst gerne TORTEN.

Tonnenweise mampft er die.

Ach, zweifle nicht

an meinen WORTEN,

ganz ohne Rest verspeist er sie.

U u

Sitzt ein   UHU
im   TURM,
sieht zufrieden den   WURM ,
der sucht Rettung vorm   STURM
in dem uralten   TURM.

Ruft der   UHU:
JUHUHU!
So ein   WURM ,
der ist   GUT,
so ein   WURM ,
der hat   MUT!
Der ist schwer auf der   HUT,
weil er retten sich   TUT.

W w

WELLEN
WOLLEN
WALLEN,

wenn WILDE
WINDE wehen,

dann WOLLEN
WOLKEN wandern,
auch du willst schneller gehen.

Z z

Die ZEIT

vergeht im   ZIRKUS-ZELT

RUCK

ZUCK

ZACK

ZACK   im NU.

Im ZICK-

ZACK   tanzt der Zottelbär,

und   DU

schaust ruhig   ZU.

III. BUCHSTABENBILDER

Buchstaben sind für Grundschulkinder etwas sehr Abstraktes. Um die oft minimalen Unterschiede in Größe, Ausrichtung und Form der einzelnen Grapheme erkennen und einordnen zu können, müssen unsere im Grundschulalter meist kinästhetisch ausgerichteten Schülerinnen und Schüler ein ausgeprägtes visuelles Leistungsvermögen entwickeln.

Wir wollen ihnen bei diesem Prozess des Visualisierens behilflich sein, indem wir die Arbeitsweisen beider Gehirnhälften aktivieren. Die mit der linken Hirnhälfte unterschiedenen abstrakten Zeichen werden auf reale Gegenstände projiziert, die von der rechten Hemisphäre erkannt werden. Das Wort erscheint also in seiner Buchstabenanordnung so, dass das Kind in dem Wortbild, den benannten Gegenstand erahnen und das Abbild des Wortes um die Buchstaben herumzeichnen kann.

☞ Einige Beispiele hierfür finden Sie auf Seite 156.

Beim Ausgestalten der Arbeitsblätter ordnen die Kinder den zu erarbeitenden Buchstaben einem Wort zu und bringen ihn mit einem Begriff in Verbindung. Sie können ihn akustisch aus dem Wortklang erschließen und optisch durch Bild und Farbe hervorheben. Die kinästhetische Tätigkeit erschöpft sich aber noch nicht in der für die meisten Kinder schon reizvollen Tätigkeit des Malens und Gestaltens. Auch in diesem Abschnitt werden kurze Verse und Reime vorgegeben, die geklatscht, gestampft oder mit Orff'schem Instrumentarium begleitet werden können.

☞ Wenn die Schülerinnen und Schüler Freude daran gefunden haben, Wörtern aufgrund ihrer Buchstabenanordnung ein Bild zu verleihen, werden sie gerne selbst solche Piktogramme erstellen. Sie können die Buchstaben dazu zeichnen, stempeln oder ausgeschnittene Zeichen aufkleben. Die gesuchten Buchstaben werden entweder ausgemalt oder, wenn sie schwarz ausgedruckt wurden, bunt umrandet.

EINE**A**MEISE

EIN O**AU**T**O**

W**ALD A**MEISE

W**ALD A**MEISE

W**ALD A**MEISE

Annas altes Auto
braust durch den Tannenwald.
Es rast um tausend Bäume,
macht bei Waldameisen halt.

T**A**NNE

T**A**NNE

T**A**NNE

T**A**NNE

Bitte eines gelben Ballons an einen
braunen Bären:

Blase Luft in mich hinein,
bitte blase weiter!
Ich will 'ne gelbe Kugel sein,
du wirst mein Flugbegleiter.

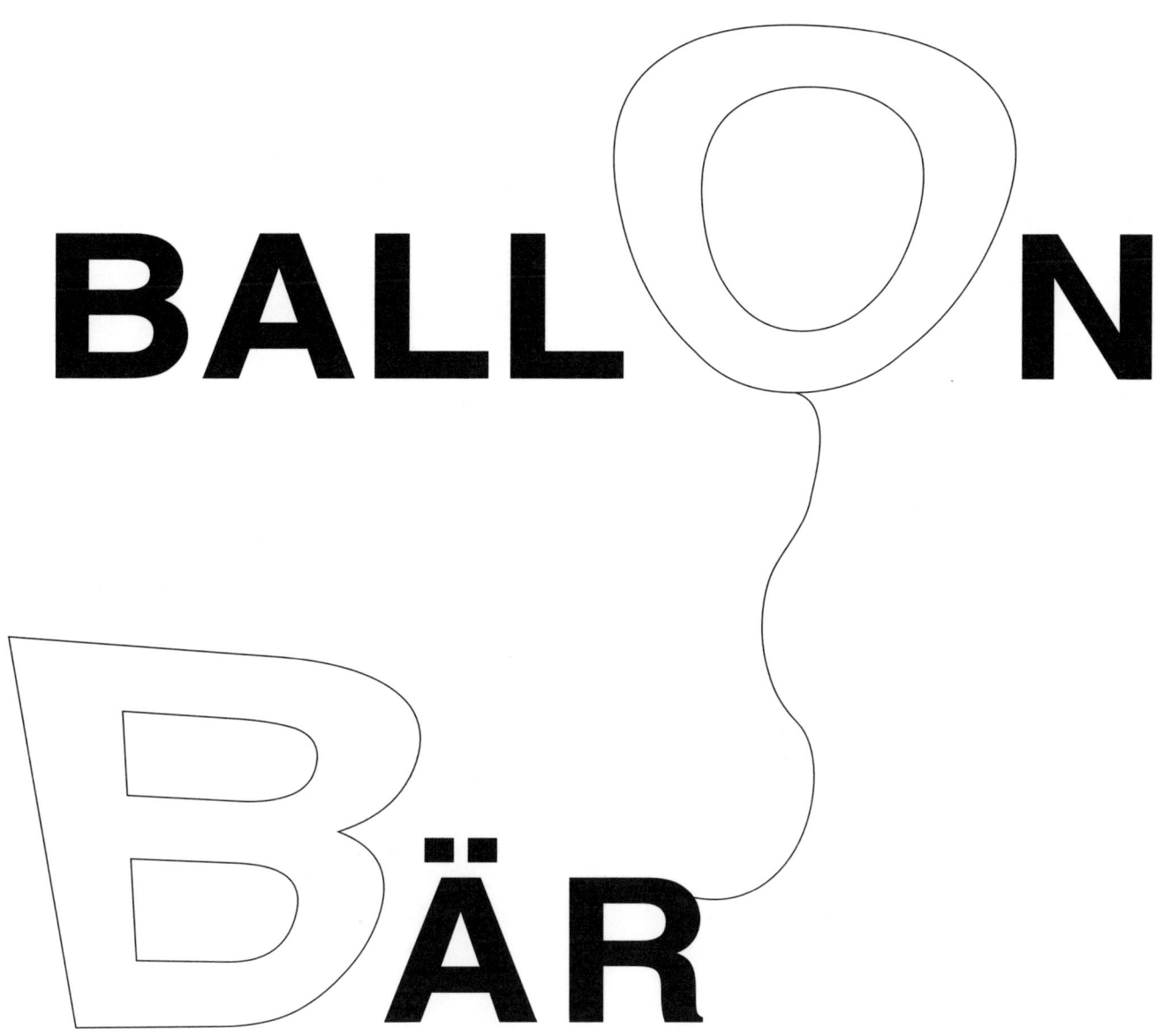

Wenn Carlos, unser kleiner Clown,
die Rolle vorwärts macht,
nennt er es einen Purzelbaum,
weil jeder drüber lacht.

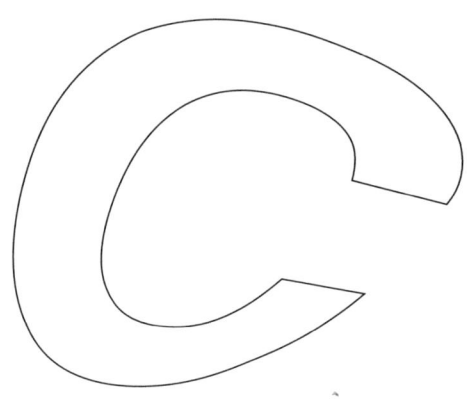

Doch spielt er dann mit einem Ball
und purzelt dabei weiter,
sucht er ihn bald schon überall
und wirkt auch nicht mehr heiter.

Dort drüben in dem grauen Dom
döst eine dicke Maus.
Sie schläft dort fest im Dämmerlicht,
nur abends geht sie aus.

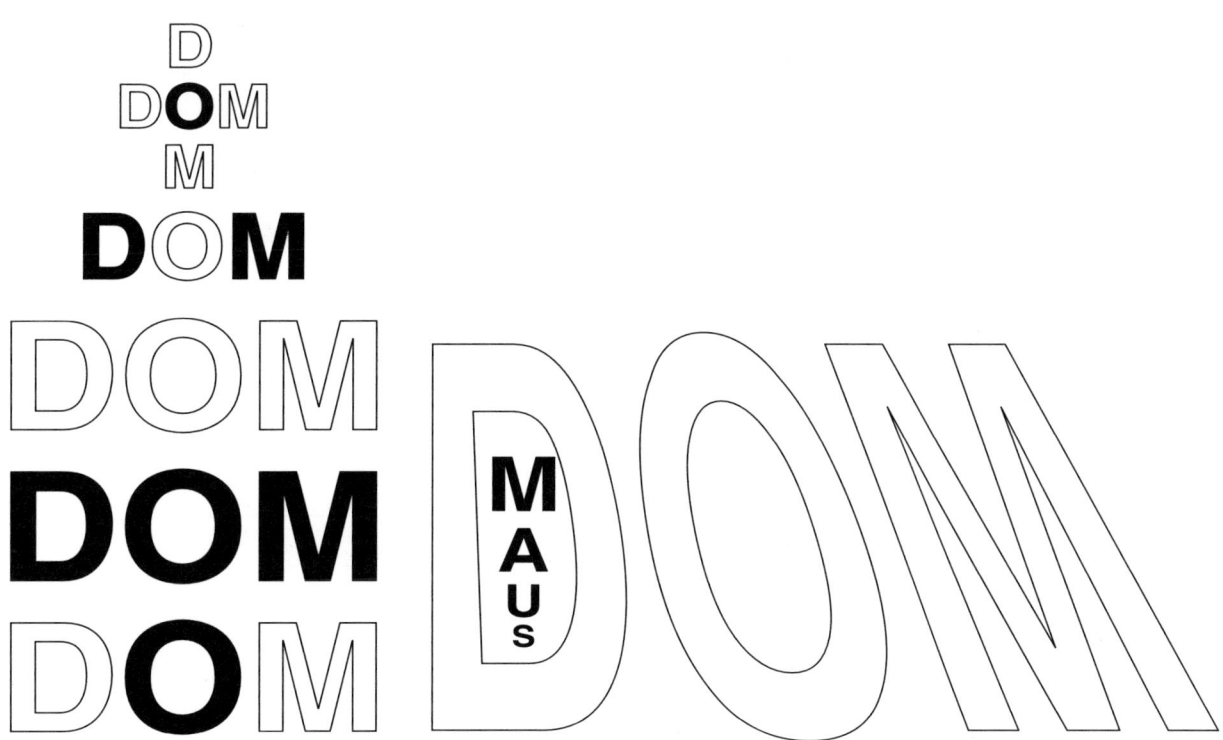

Sie findet einen Damenhut.
Der soll ihr Landhaus sein.
Mit einer Freundin zieht sie ein
und ist nie mehr allein.

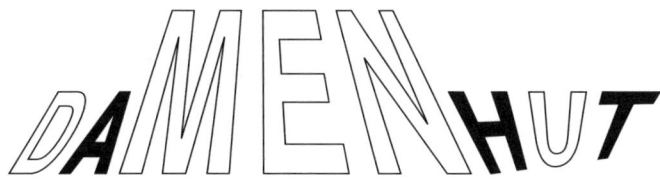

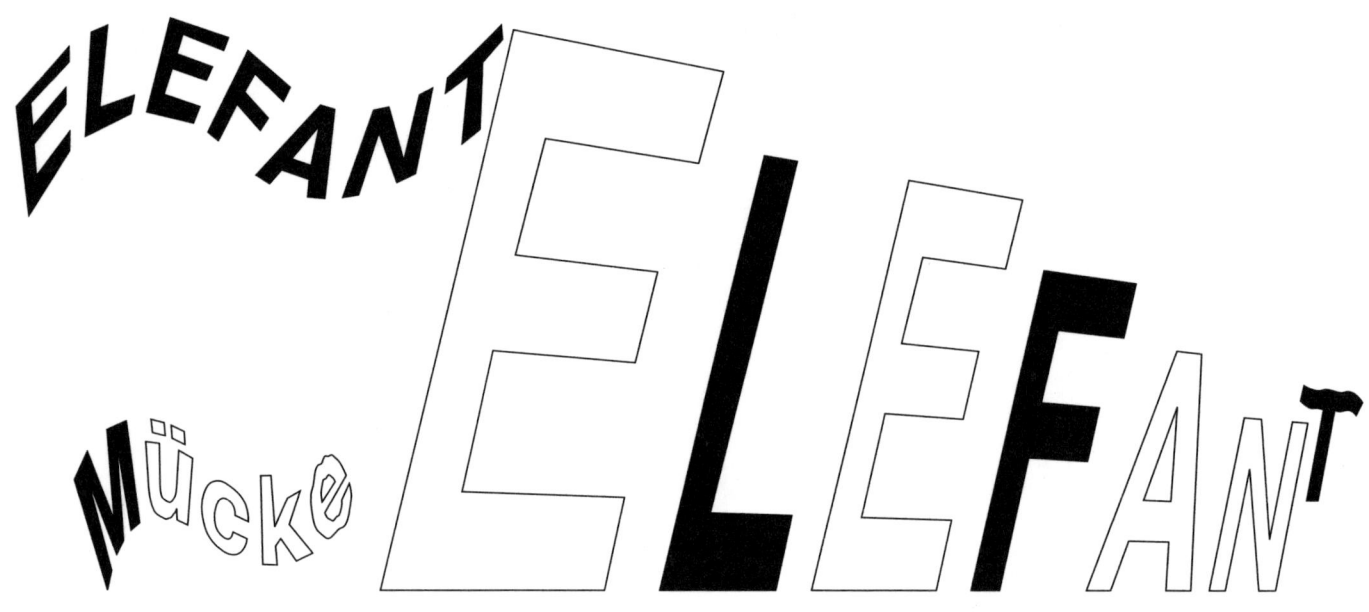

Denk' niemals, eine kleine Mücke
sei schon ein Elefant.
Steig' schnell auf einen Berg hinauf
blick' frei ins ebene Land.

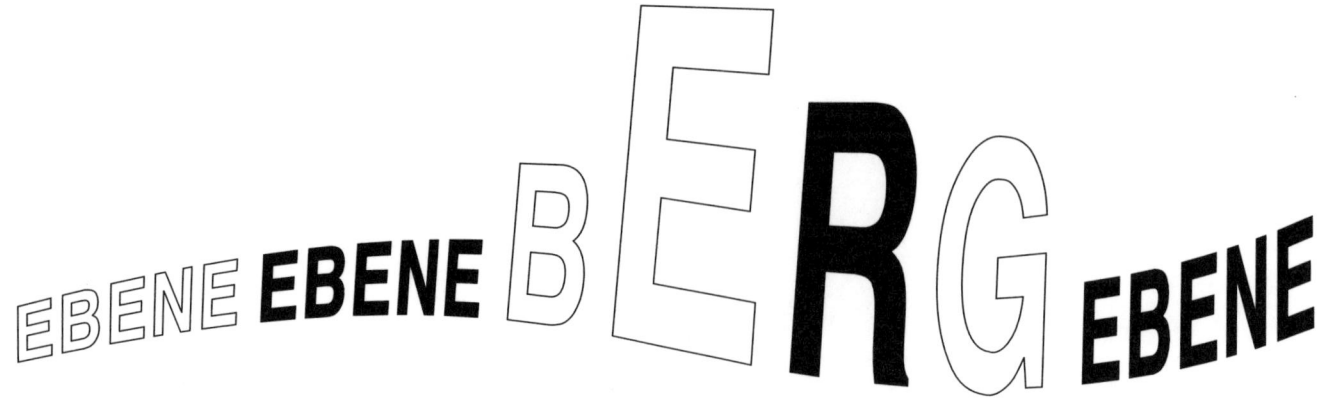

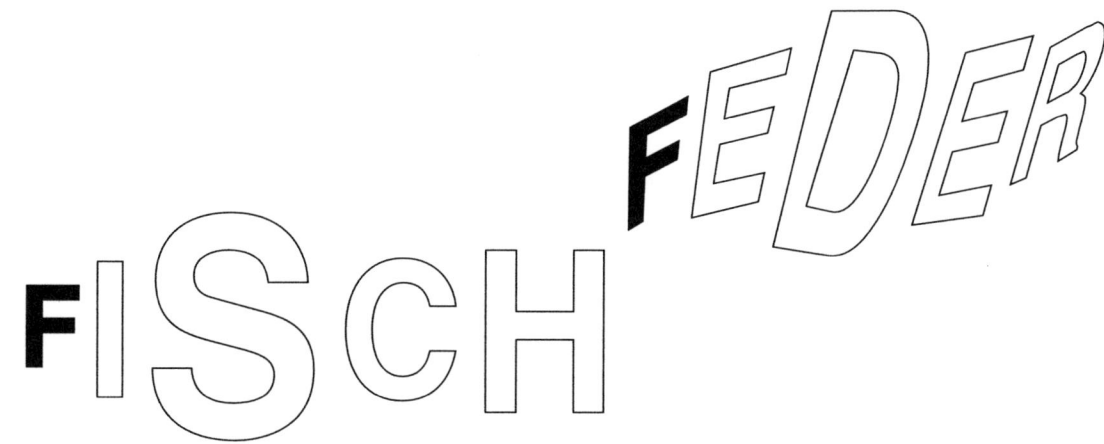

Fisch mit Feder ...
fängt nicht jeder!

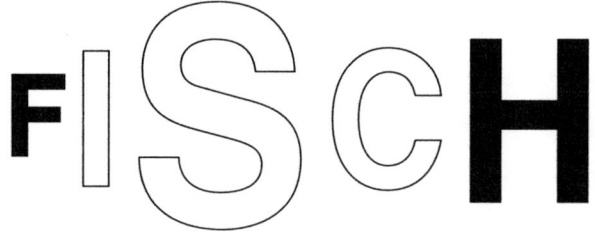

Am Fallschirm Fisch ...!
Ist der noch frisch?

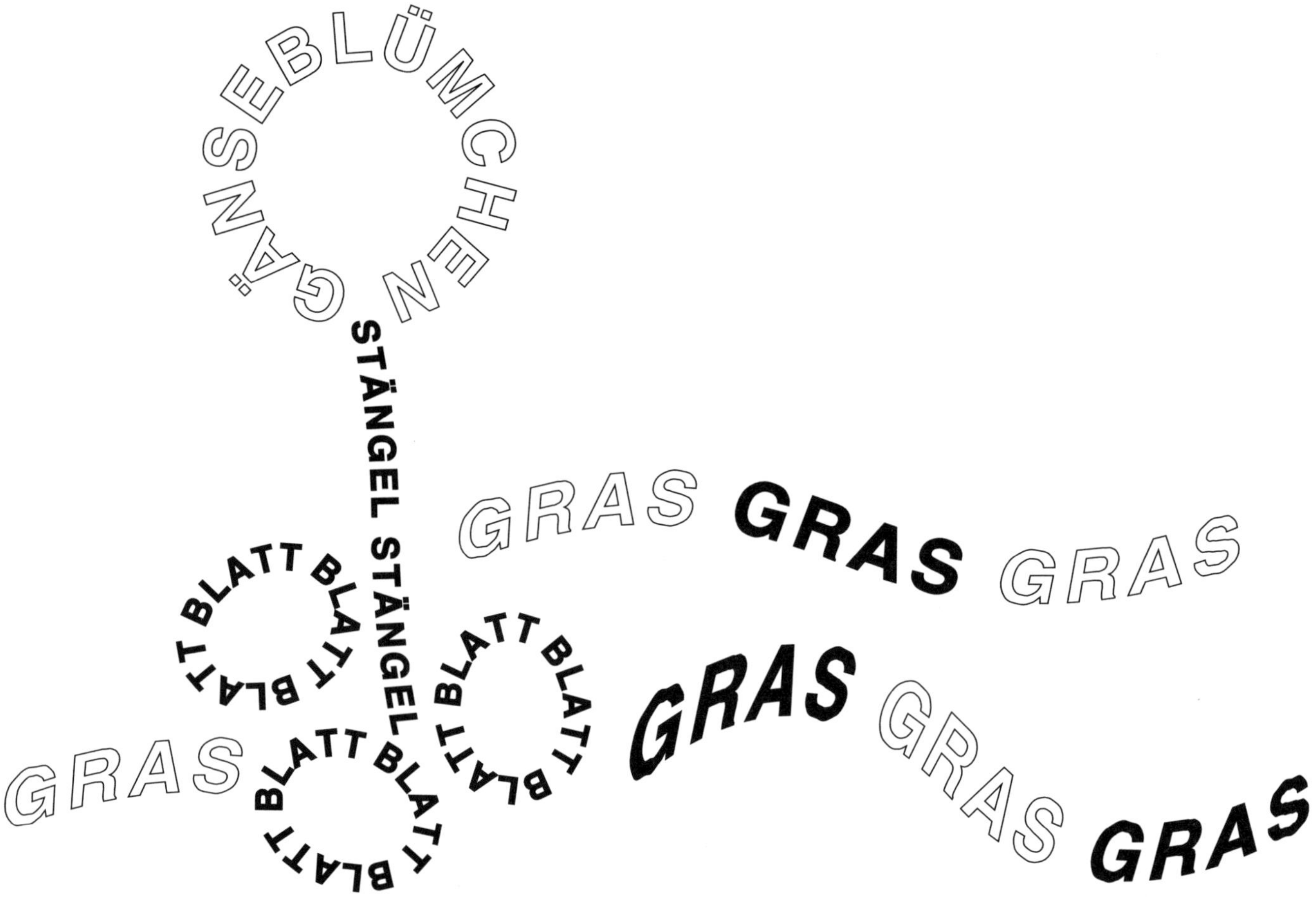

GÄNSEBLÜMCHEN GÄNSEBLÜMCHEN

STÄNGEL STÄNGEL

BLATT BLATT BLATT

BLATT BLATT

BLATT BLATT

GRAS GRAS GRAS GRAS

GRAS

GRAS GRAS

GRAS

Gänseblümchen, Gänseblümchen,
dort im grünen Gras.
Die Gans guckt durch die Gegend.
Gut, dass sie dich nicht fraß!

Der Hahn geht in das Hühnerhaus.
Der Hase hoppelt schnell heraus.
„Der Hahn hat", denkt der kleine Hase,
„so eine krumme, harte Nase!"

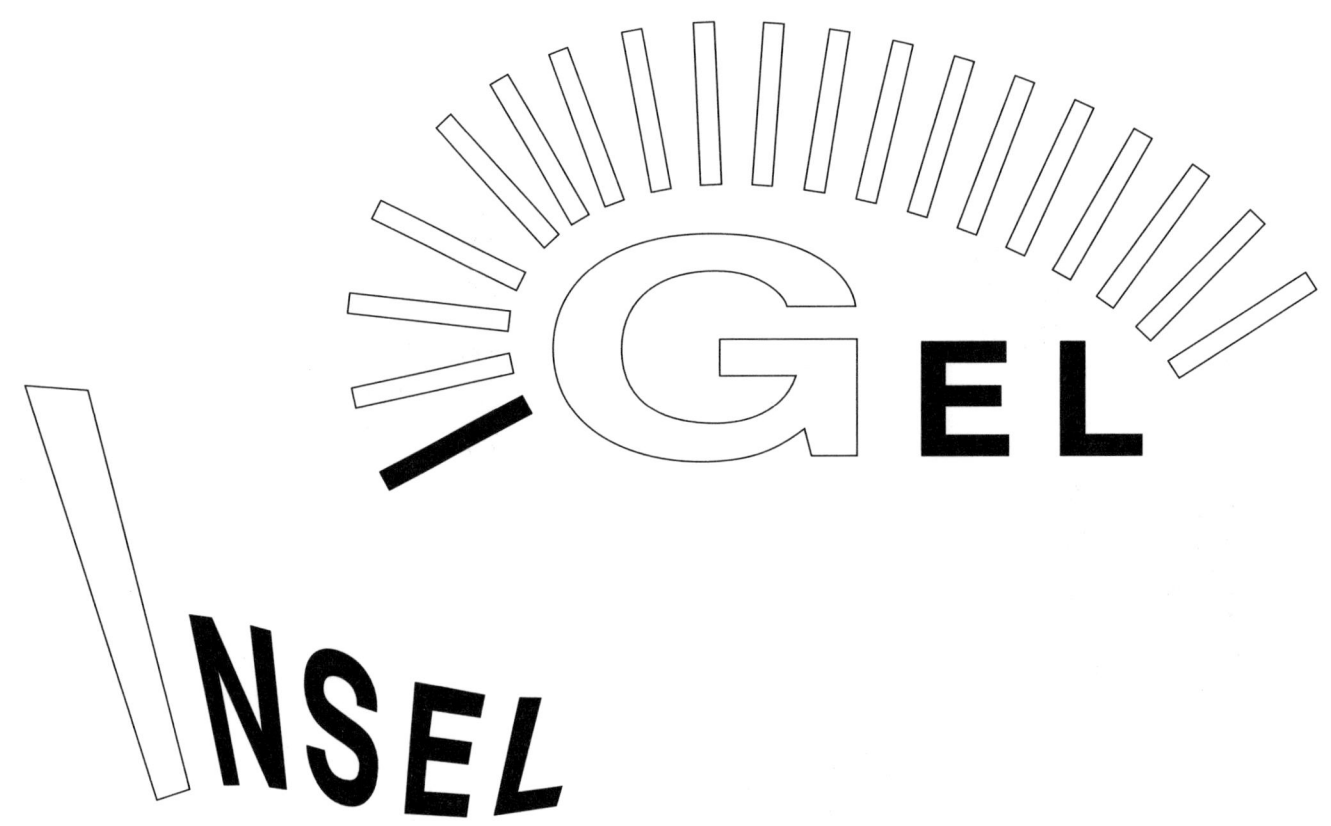

Wer die Insel der stach'ligen Igel betritt,
nimmt besser seine Stiefel mit!
Ein Stachel in dem nackten Zeh,
der tut bestimmt irrsinnig weh!

Jogurt mit Johannisbeeren
darf man keinem Kind verwehren.
Juhu, juhei, das schmeckt so toll!
Halt, sei jetzt still, dein Mund ist voll!

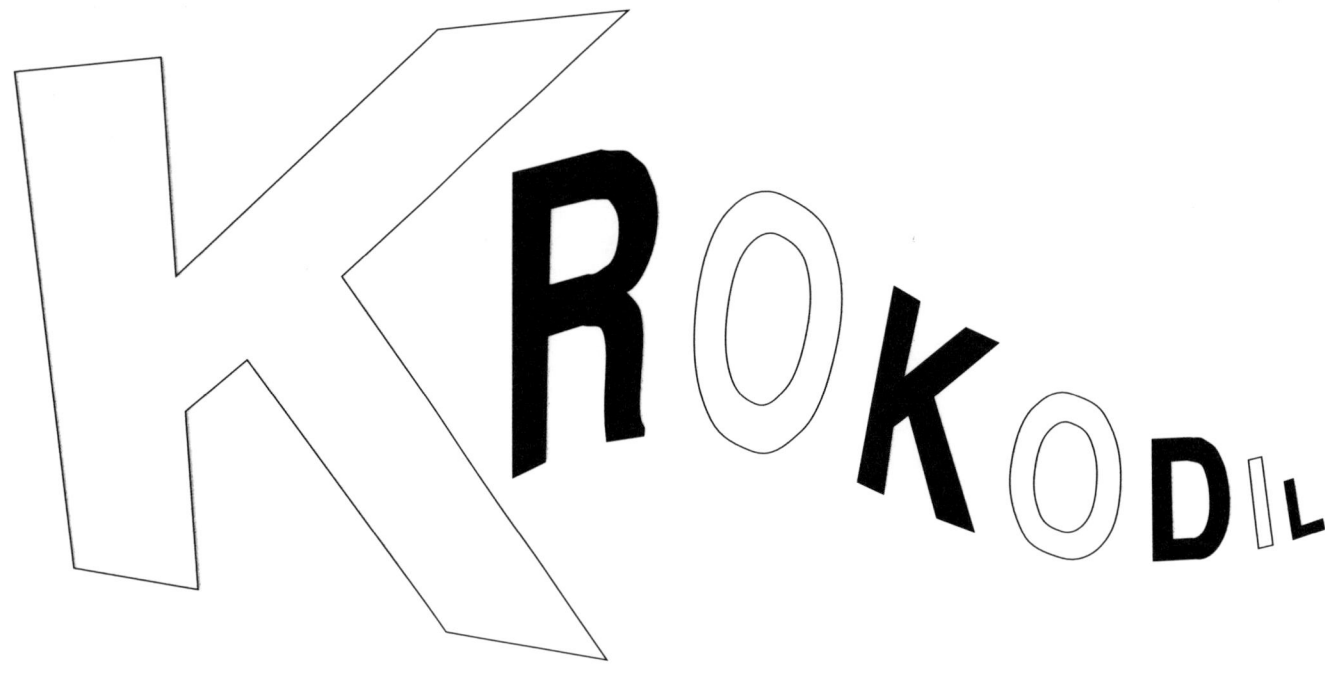

Beim Krokodil bleib' nur ganz kühl,
versuch' es nie zu küssen!
Dem Krokodil fehlt Zartgefühl,
du könntest flüchten müssen.

um die nächste

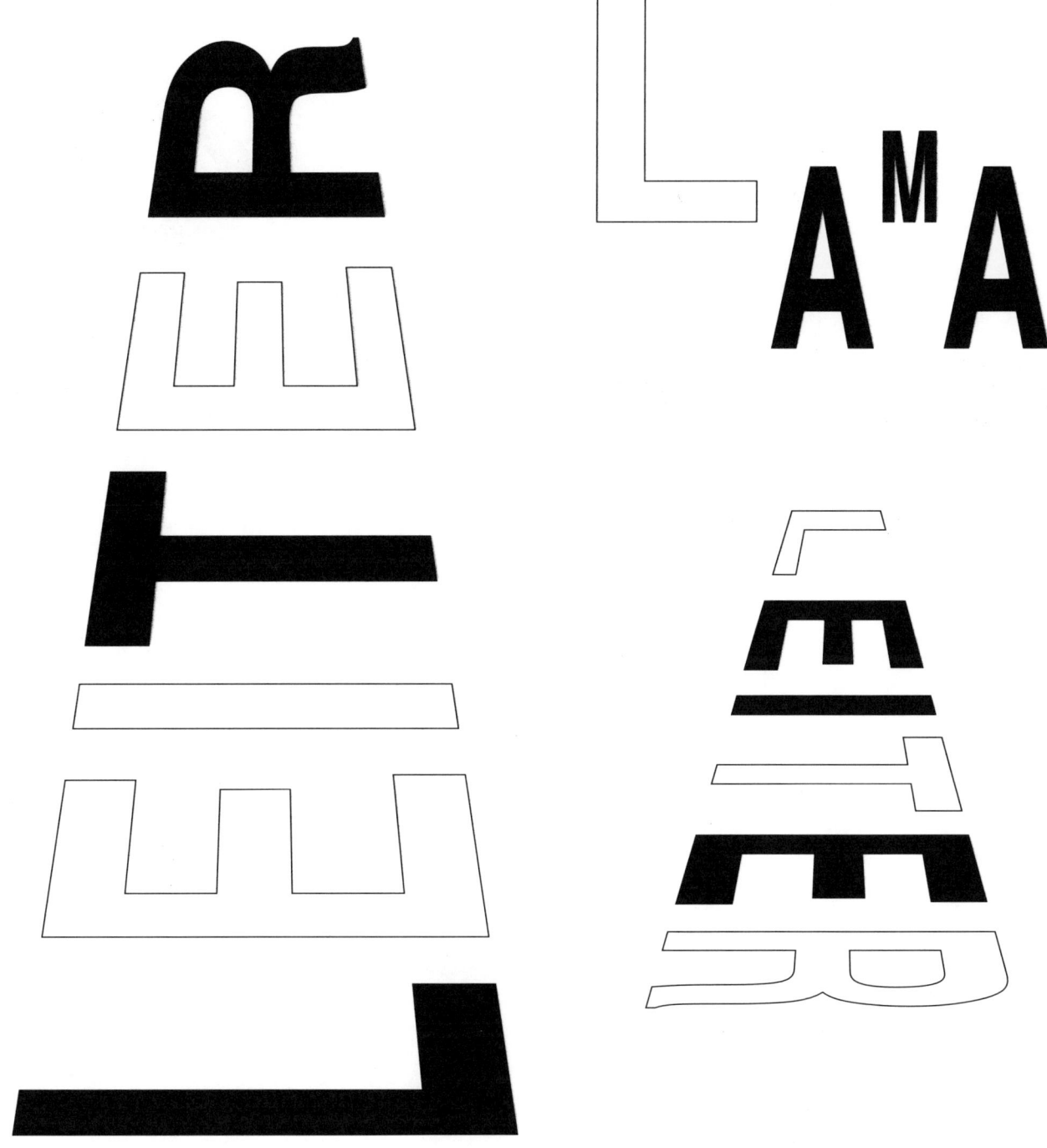

Die Leiter rauf, die Leiter runter,
das Lama lacht, es ist sehr munter.
Es latscht auf Trampelpfaden nur,
bei Sprossen stellt es sich schnell stur.

MAUS

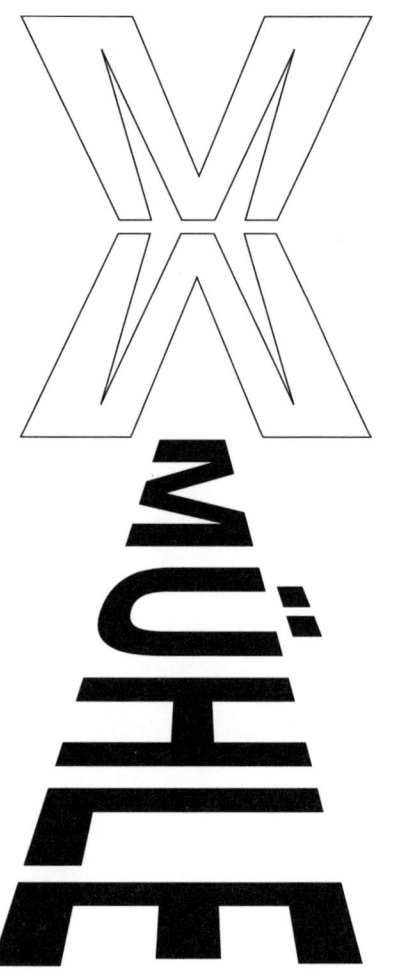

Im Mondenschein
träumt eine Maus
vom Mandelsplitter-
schmause,
von weißem Mehl und
Marzipan,
vom Mampfen ohne
Pause.

Mühlenhaus

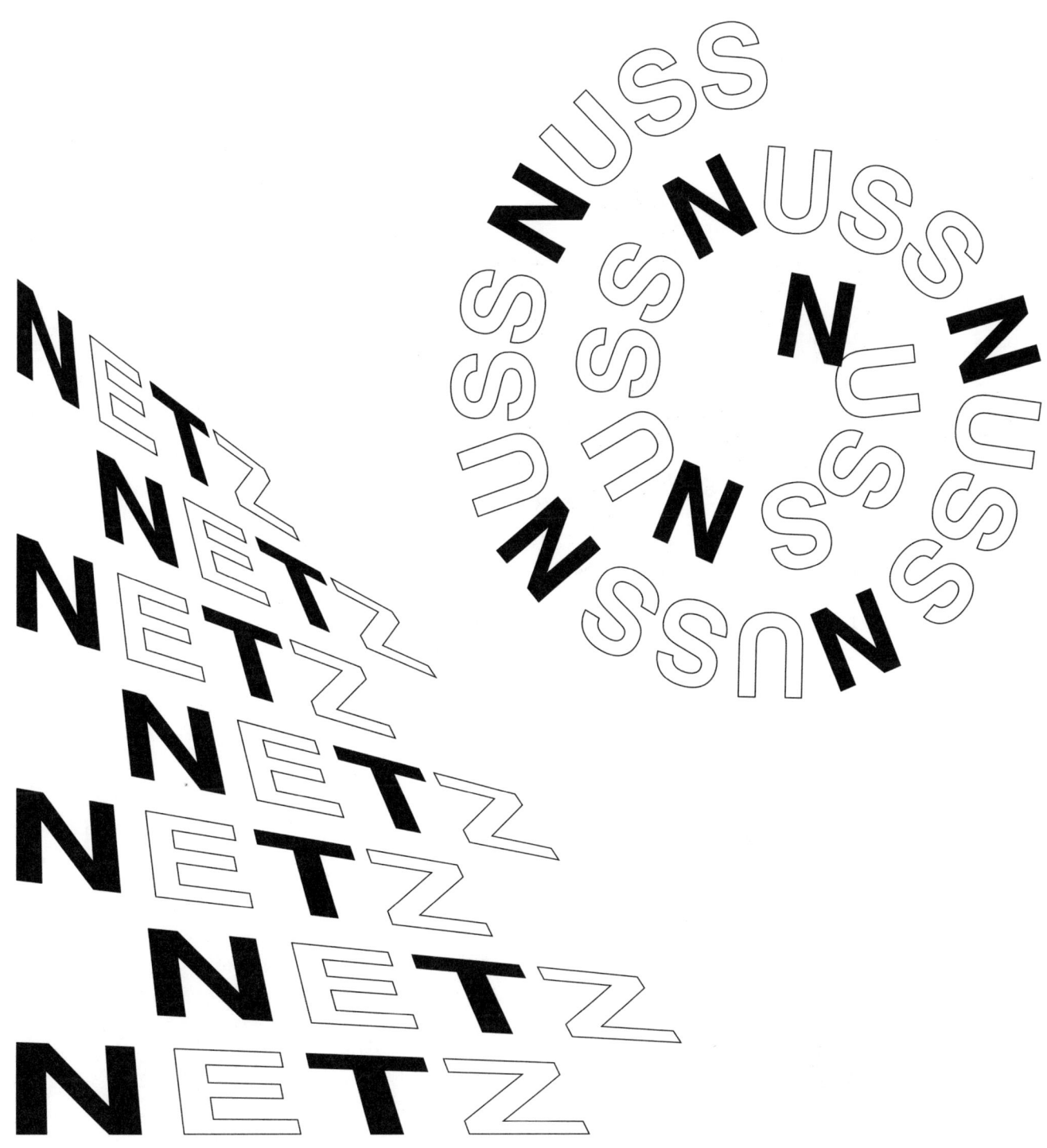

Im neuen Netz die Knabbernuss –
für jeden Nager ein Genuss!
Eichhörnchen nagt und knabbert kräftig,
denn neue Netze schmecken deftig.

Ein Obstsalat aus frischem Obst
schmeckt wirklich optimal.
Wenn einer dir den Teller mopst,
ärgert's dich kolossal!

Ein dunkler Punkt auf Packpapier,
der sieht fast aus wie ein Geschmier.
Ein Soßenpunkt auf weißem Stoff,
das ist sehr peinlich und gibt Zoff!

Quillt dicker Qualm aus dem Kamin,
dann sitzt gewiss kein Quälgeist drin.
Der Quietschi will heut' Quark verbrennen.
Man muss ihn einen Quatschkopf nennen.

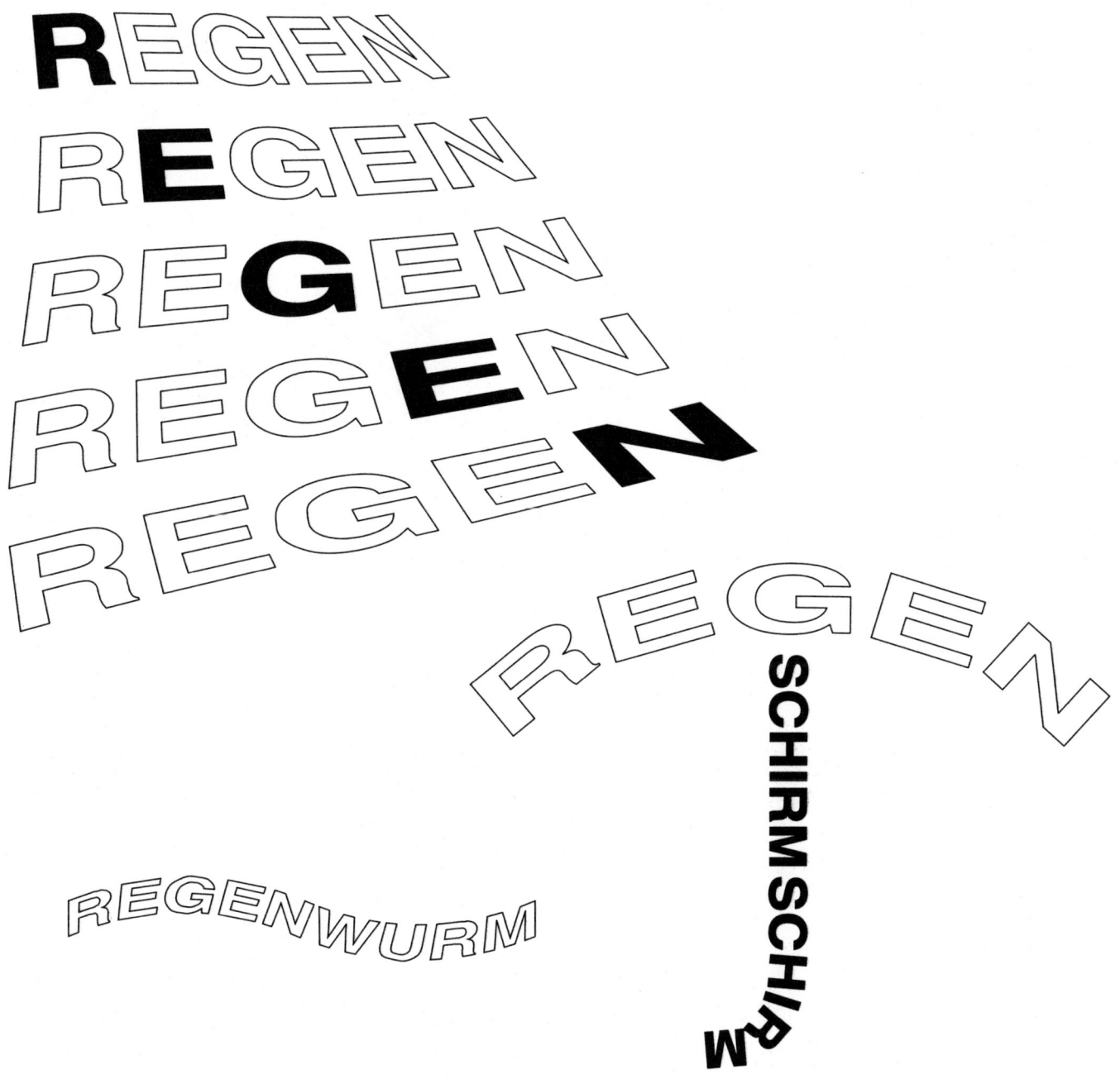

Ein Regenschirm ist wunderbar –
bei Regen.
Das ist sonnenklar!
Ein Sonnenschirm bei Regen –
der ist nur kurz ein Segen.

Ein Sommer voller Sonnenschein
lässt Sonnenblumen strahlen.
Im Sommer voller Sonnenschein
kannst du am Strand dich aalen.

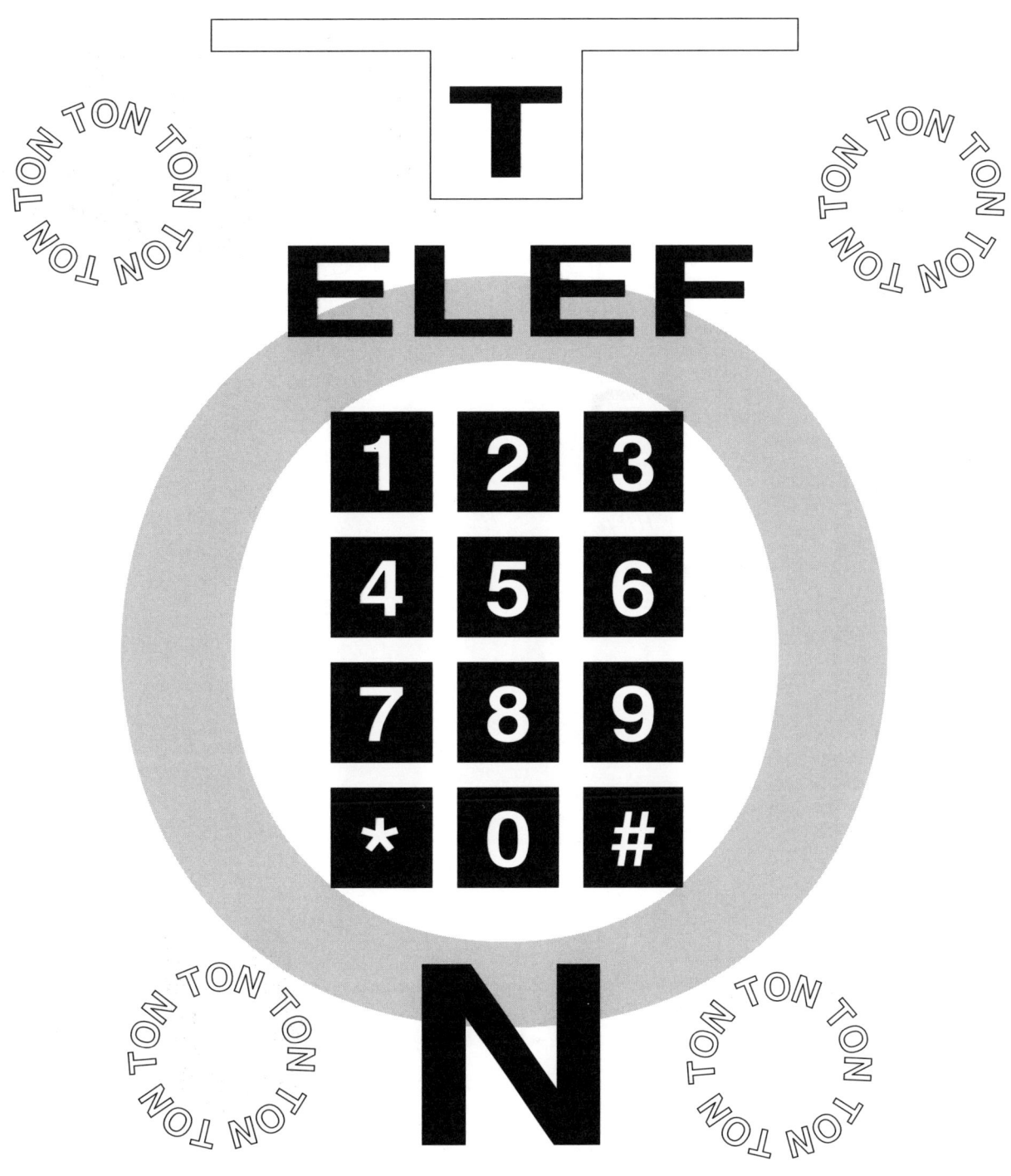

Das Telefon, das tönte schon.
Doch jetzt hot's onen tofen Ton,
weil Tante To – vom Reden matt –
es unterm Tisch verstecket hat.

Die Tulpe braucht
doch keine Uhr!
Sie zählt die
Ruhestunden nur.

Vier Vier Viertel Vier

Vier Vier Viermal Vier

Vier Vier Viereck Vier

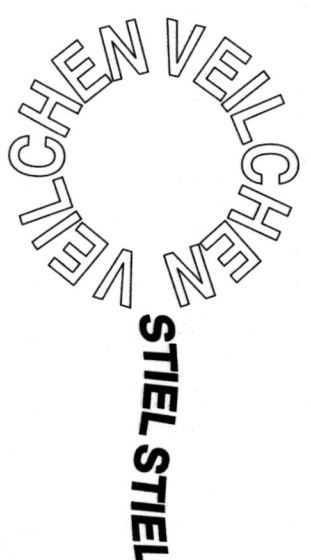

In allen vier Ecken
ein Veilchen verstecken.
Nur Veilchen auf Augen,
sind die, die nichts taugen.

Im Wasser schwimmt ein weißer Wal
weit über Wellenberg und -tal.
Er kann den Wiedehopf nicht sehen,
weil Vögel doch nicht schwimmen gehen.

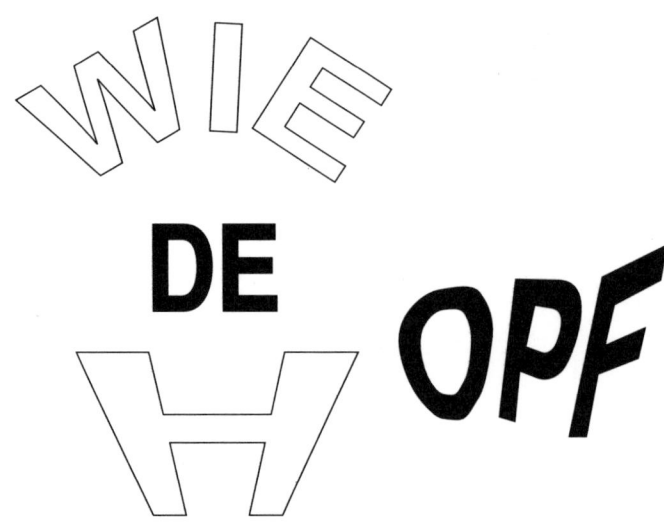

Xaver ist auf den Berg geklettert,
hat über Luxusautos gewettert.
Doch jetzt tun ihm die Haxen weh.
Er muss sie kühlen in Eis und Schnee.

Ein Yak fährt auf der Luxusyacht,
bis diese Yacht zusammenkracht.

Kommt ein Zebra zum Zoo,
läuft im Zickzack zum Floh,
zieht zur Ziege dann weiter,
will besuchen sie heiter.
Zickig meckert die Ziege:
„Zebra, mach' eine Fliege!"
Zieh den Schlafanzug aus,
dann erst komm in mein Haus!"

FISCH FEDER

MAUS

IGEL

IV. BUCHSTABENHÄUSER

Das Buchstabenhaus (Vorlagen ab Seite 158) wird in zwei Variationen angeboten, so dass wir nach dem Fertigstellen zwei Häuser haben. Haus A erinnert in seiner Funktion an einen Adventskalender. Immer dann, wenn ein Kind für sich einen Buchstaben neu erschlossen hat, öffnet es den Fensterladen, auf dem er abgedruckt ist. Erscheint dahinter dann die passende Abbildung, also das Wort, das mit dem identischen Anlaut beginnt, darf das Fenster offen bleiben. So hat jedes Kind seine persönliche Kontrolle darüber, wie viele Buchstaben es schon kennt.

☛ Da die Schülerinnen und Schüler ganz bestimmt eines der Häuser mit nach Hause nehmen wollen, würde ich dieses Haus (A) zum Mitgeben empfehlen. So bleibt ein Leistungsvergleich der Kinder untereinander aus, der unnötig Stress erzeugen oder gar die Kinder zur Unaufrichtigkeit gegenüber sich selbst anregen könnte. Sie sollen ja begreifen, dass das Lernen ihre ureigenste Sache ist und sie sollen ihre eigenen Leistungsfortschritte einschätzen können.

Haus B ist ein Lernhaus, das selbständiges Lernen ermöglicht. Will das Kind ein Wort erlesen oder schreiben, sucht es unter den Abbildungen auf den Fensterläden die Zeichnung heraus, die mit dem gesuchten Laut beginnt. So kann es sich selbst Buchstaben erschließen oder Wörter aufbauen.

☛ Eigentlich könnten die Schülerinnen und Schüler das Haus sowohl in der Schule als auch zu Hause gut brauchen. Denn wer erst einmal hinter das Geheimnis des Lesens und Schreibens gekommen ist, will die neue Kunst immer wieder mal ausprobieren und Bezugspersonen vorführen.

HERSTELLUNG DER HÄUSER

Arbeitsanleitung:
1. Die Vorlagen auf Tonpapier (maximal 125 g/m²) vervielfältigen. Jeder gute Kopierer verkraftet dies. Vorher testen. Alle Häuser ausschneiden ✂.
2. Ist eine Vervielfältigung auf stärkeres Papier nicht möglich, dann Vorlagen auf Tonpapier oder Karton aufkleben.
3. Fenster und Türen an drei Seiten (– · – · – ·) ausschneiden (Roll-Cutter), die vierte Seite (– – – –) anritzen oder perforieren. Große Tür- und Fensteröffnungen oben und unten und an der Mittellinie ausschneiden.
4. Alle Kanten falten (Als Falthilfe eignet sich ein Lineal), gegebenenfalls vorher anritzen.
5. Hauser bemalen.
7. Hauser an den umgebogenen Kleberändern zusammenkleben und danach übereinanderstülpen.

Eine sehr schöne Überraschung wäre es, wenn die Schulpaten den neuen Erstklässlern die Buchstabenhäuser zur Begrüßung in der Schule überreichen könnten. Andererseits haben aber viele Kinder auch Freude daran, die Bilder und Buchstaben selbst auszumalen. In diesem Fall könnte jedes seine Häuser schön bemalen und ausschneiden. In einem Elternabend müssten dann die Eltern gebeten werden, die Fensterläden an den richtigen Stellen einzuritzen, zu schneiden und perforieren und die Falt- und Klebearbeiten zu übernehmen.

✂ Aus dem Buch herausgetrennte Vorlagen, Farben, Schere, Klebstoff, Spezialcutter = Rollcutter und Rollperforierer (z. B. v. Firma Gonis, Symeonstraße 4, 12279 Berlin).

Die Bilder der Buchstabenhäuser passen zu den Wörtern, die im **ABC mit allen Sinnen** (Best.-Nr.: A344) mit den Kindern erlebnismäßig erschlossen und erarbeitet wurden, und werden ebenfalls in den Daumenkärtchen Deutsch, Bestell-Nummer f903 verwendet!.
A = Apfel, B = Bonbon, C = Clown, D = Dose

Haus A

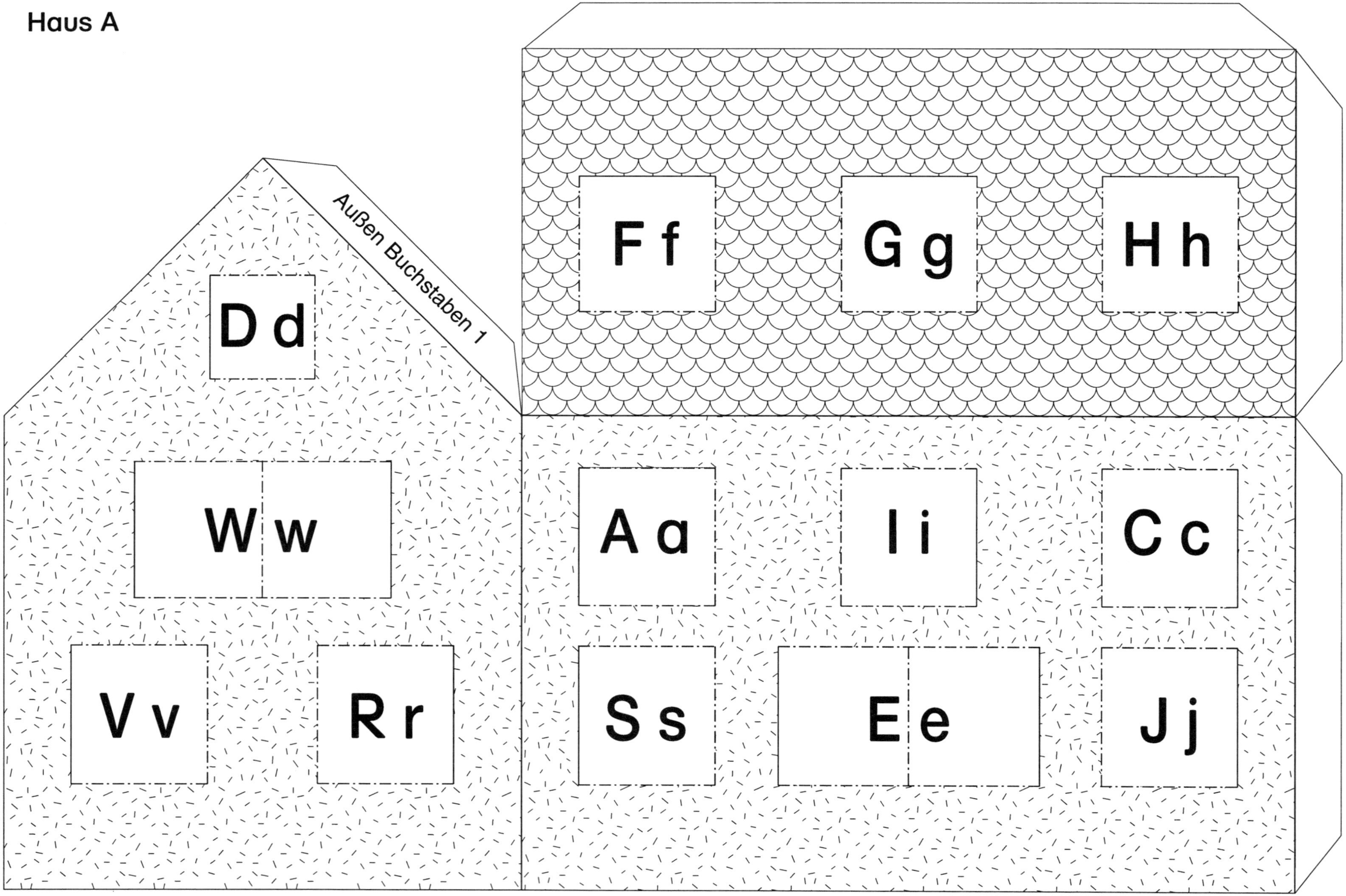

Außen Buchstaben 1

H h

G g

F f

C c

J j

I i

E e

A a

S s

D d

W w

R r

V v

Haus A

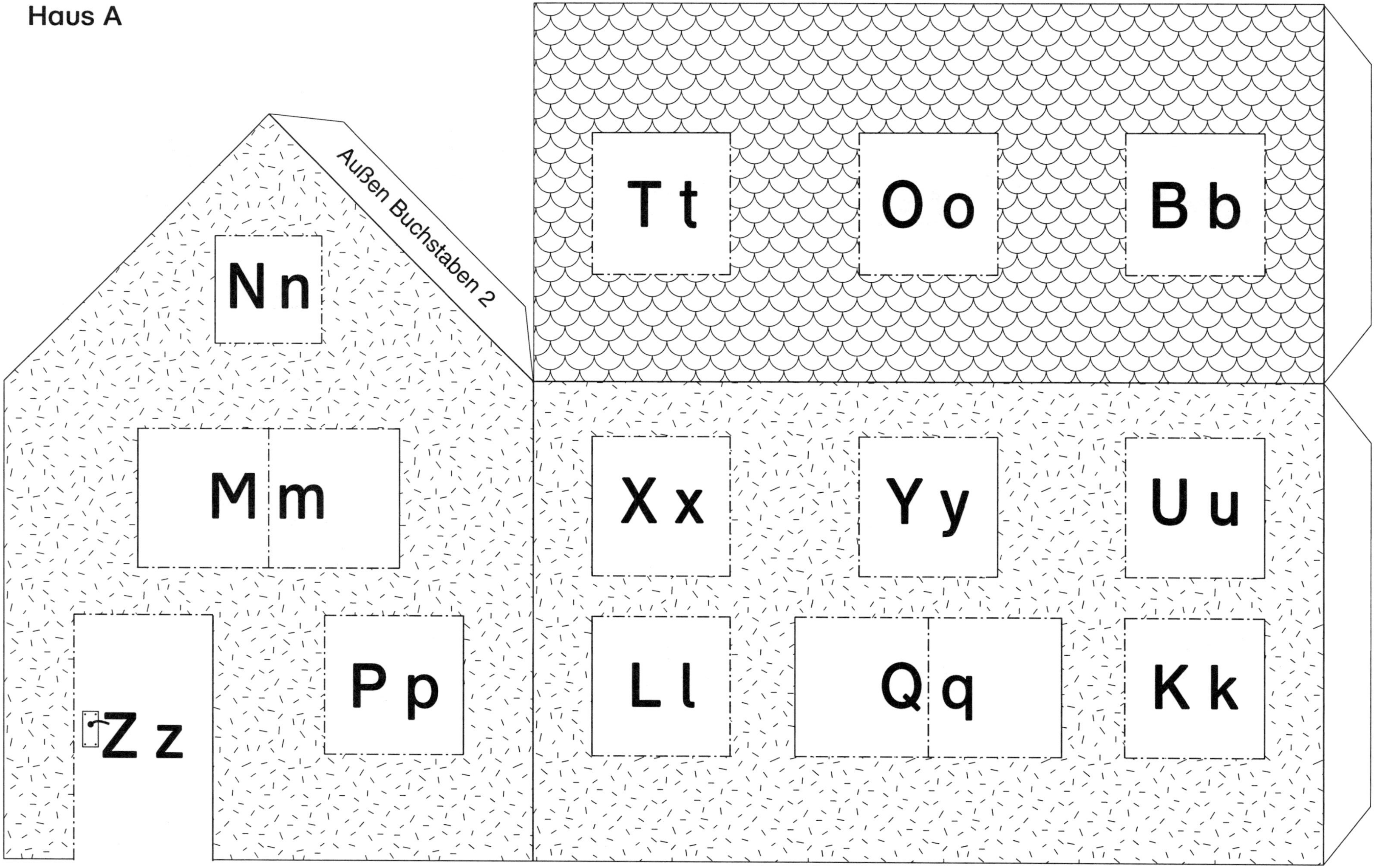

Außen Buchstaben 2

B b

O o

T t

U u

K k

Y y

Q q

X x

L l

N n

M m

P p

Z z

Haus A

Innen Bilder 1

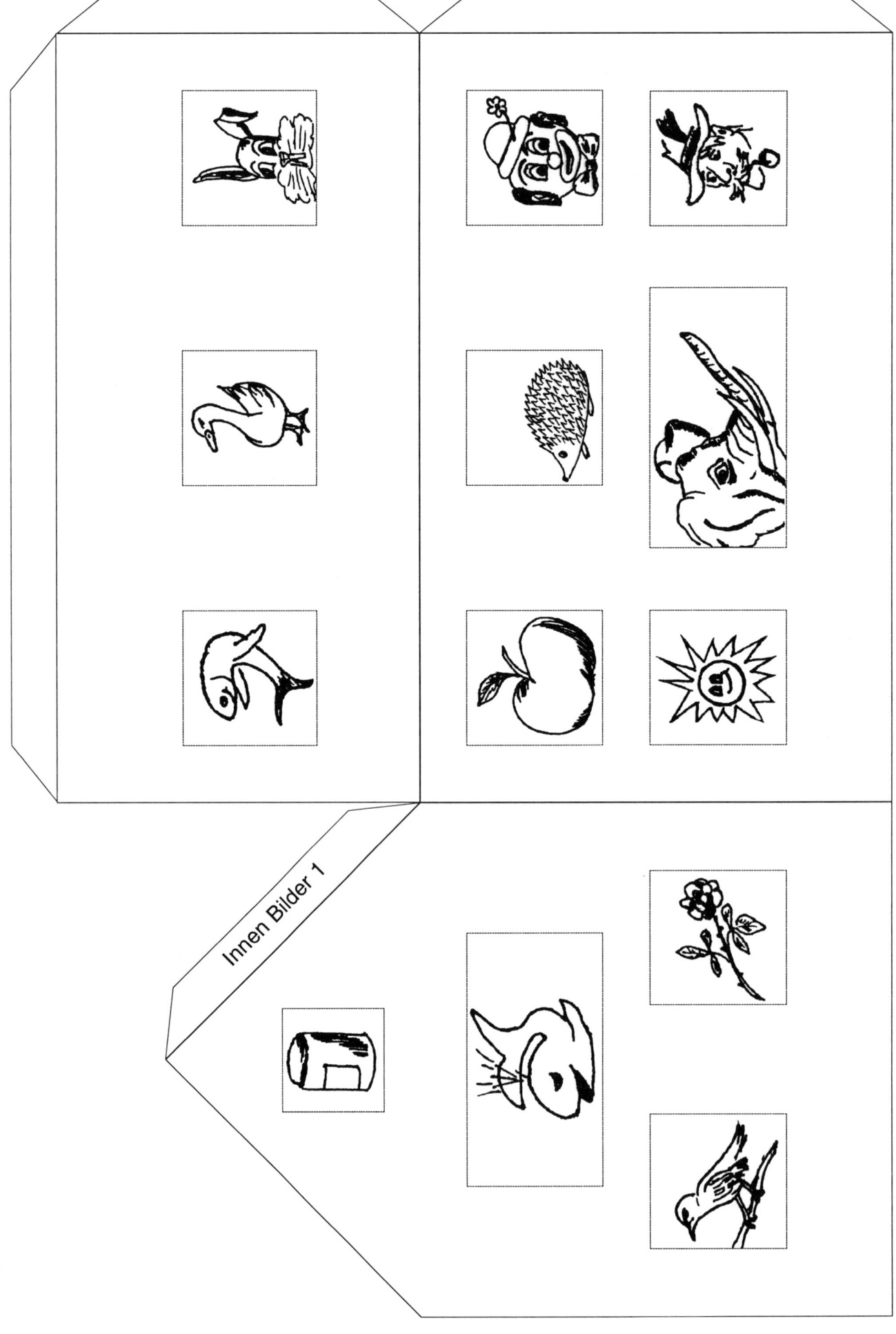

Haus A

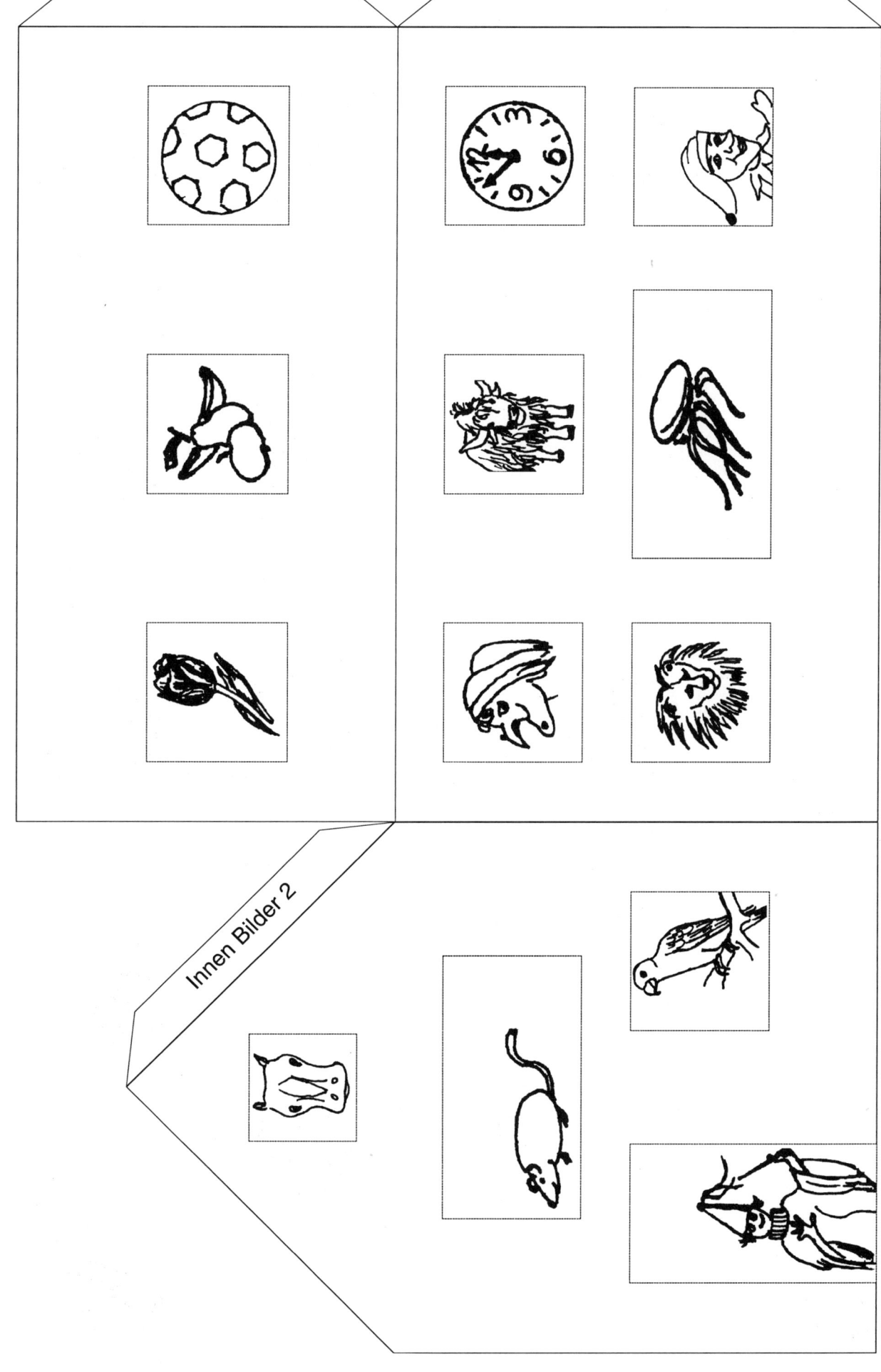

Innen Bilder 2

Haus B

Außen Bilder 1

Haus B

Außen Bilder 2

Haus B

Hh Gg Ff

Cc Ii Aa

Jj Ee Ss

Innen Buchstaben 1

Dd Ww Rr

Vv

Haus B

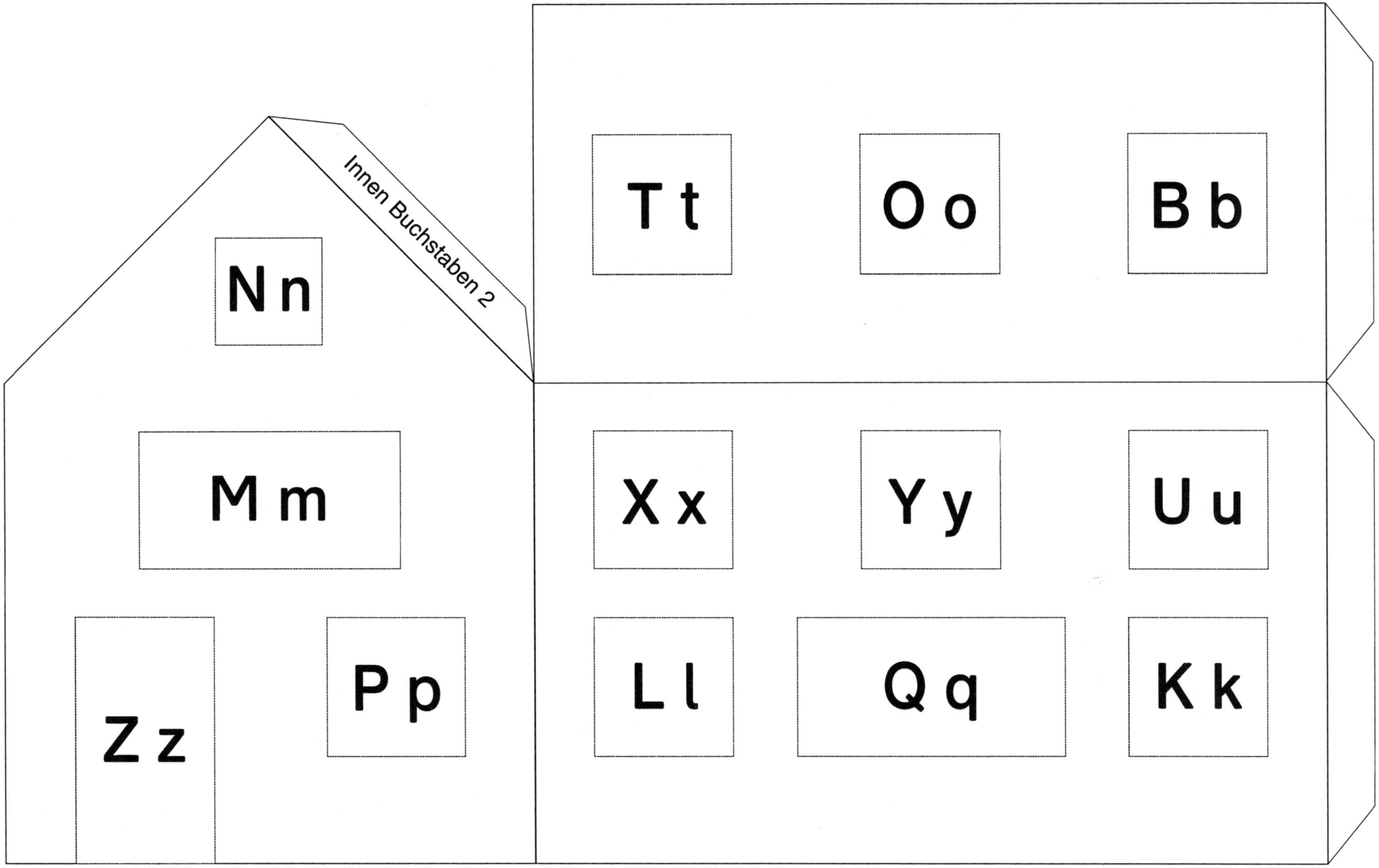

Bb

Oo

Tt

Uu

Kk

Yy

Qq

Xx

Ll

Innen Buchstaben 2

Nn

Mm

Pp

Zz

Lernen mit allen Sinnen in der Grundschule

... im AOL-Verlag
Waldstr. 18 · D-77839 Lichtenau
Fon (07227) 95 88-0 · Fax 95 88 95

Helga Grimm
ABC MIT ALLEN SINNEN

„Komm mit in unsere bunte Welt!"

„Dieses Buch ist eine Fundgrube für Lehrer/innen, die ein erstes Schuljahr unterrichten und den Kindern die Buchstaben auf möglichst vielfältige Art und Weise nahebringen wollen. Da gibt es Handpuppenspiele, Vorlesegeschichten, Tanzgeschichten und Bewegungsspiele, Schattenspiele, selbstgemachte Fühlbücher, Rezepte, Malaktionen, Bastelarbeiten und vieles mehr. Das Angebot ist so vielfältig, dass jede Lehrer/in etwas finden wird, was in ihren Unterricht passt." (E. Brinkmann in der GSZ 6/93)
1996 bereits in der 6. Auflage erschienen!

A4-Buch mit KV, 172 Seiten
Bestell-Nr. A344
48,00 DM

Gabriele Wunderlich
1, 2, 3 MIT ALLEN SINNEN

Eine Forschungsreise ins Land der Zahlen in Klasse 1 und 2

Irgendwo ist uns allen klar, dass man nicht nur mit der linken Hirnhälfte lernt, sondern die rechte ebenfalls braucht, die Zusammenarbeit der beiden Hirnhälften. Wir wissen, dass Kinder Zahlen sozusagen anfassen müssen, bevor sie damit rechnen können. Es erscheint uns nachvollziehbar, doch erst wenn Sie *1, 2, 3 mit allen Sinnen* kennen, wissen Sie, was Ihnen alles nicht eingefallen ist: Mengen fühlen mit Kastanien, Zählen mit Hinkekästchen, Rechnen mit der Rechenschürze, Abziehen mit Fingerhüten, ... – 20 Jahre reflektierte Grundschulpraxis in einem Buch, 1996 bereits in der 4. Auflage erschienen!

A4-Buch mit KV, 168 Seiten
Bestell-Nr. A346
48,00 DM

Gabriele Wunderlich
1 · 1 MIT ALLEN SINNEN

Hundert flinke Rechenmäuse im Dschungel der Mathematik

Diese Sinnen-Bücher sind ein Ereignis. So durften Sie noch nie aus dem Vollen schöpfen: Aus der Praxis zurück in die Grundschule – mit offenen Sinnen für die Welt, in der wir leben. Und einen Blick für die Kinder und die Möglichkeiten, die in ihnen stecken!
Aus dem Inhalt: Kleine und große Rechentabelle zur Erarbeitung • 1x1-Bonbons • Verdoppeln und Halbieren • Übungen zum kleinen Einmaleins • 1x1-Knüller • Geschichten zum Vorlesen und Lachen • Sachtexte zum kleinen 1x1: Rezepte zum Nachkochen • Spiele zum Selbermachen ... – Unter Mitarbeit von Dr. paed Hartmut Giest.

A4-Buch mit KV, 175 Seiten
Bestell-Nr. A347
48,00 DM

Helga Grimm: ... UND WEITER GEHT'S MIT ALLEN SINNEN (BAND 1)

– Miteinander leben, lernen, lachen: Ideen für den fächerübergreifenden Unterricht vom 1. bis zum 4. Schuljahr. Mama, Papa, meine Familie; Angst, Arztbesuch, Schule, Reisen, Kinder aus fernen Ländern, zurück in die Vergangenheit ... – Dieser und der folgende Band beschäftigen sich anhand von Kinder- & Bilderbüchern und Lesetexten mit Sachkundethemen. Für Klasse 1 bis 4.

A4-Buch mit KV, 172 Seiten
Bestell-Nr. A345
48,00 DM

Helga Grimm: ... UND WEITER GEHT'S MIT ALLEN SINNEN (BAND 2)

– Pflanzen, Tiere, Welt entdecken:
Mein, dein unser Garten • Mit Büchern durch das ganze Jahr • Hund und Katze, Kröte, Storch • Schiffe schwimmen auf dem Meer • Licht und Schatten, Feuer, Frost • Nur fliegen ist schöner!

A4-Buch mit KV, 158 Seiten
Bestell-Nr. A355
48,00 DM

DAS SINNEN-BÄNDE-PAKET: alle 6 Bände (incl. A352) zusammen

Bestell-Nr. P100
260,00 DM

Gudrun Schröter

MUSIK MIT ALLEN SINNEN

An Tonis Hand durchs Notenland

Eine elementare, verständliche, sinnliche Einführung in die Notenlehre: Rhythmus, Notennamen, Notenwerte ... für die Grundschule und Kinder ab 5.

Die Kopiervorlagen wurden aus der langjährigen Praxis heraus entwickelt und sind von Werner Jäckel sehr ansprechend illustriert: Toni Taktvoll, das Notenmännchen, spricht die Kinder persönlich an, erklärt und führt Schritt für Schritt zur Praxis mit Musik – vermittelt also spielerisch nicht nur die Musiktheorie.

Rechts eine Beispielseite: *Henne Bertas Hühnernotenleiter.*

KV-Sammlung mit 72 Seiten
Bestell-Nr. A339
44,00 DM

Elke Kohlwey und Edelgard Moers

MIT OFFENEN SINNEN DURCH DEN WALD

Sinnliche Projekte für Klasse 1 bis 6

Das, was wir mit allen Sinnen wahrnehmen, das schätzen und lieben wir. Und schützen es. *Mit offenen Sinnen durch den Wald* beinhaltet 8 Waldprojekte für alle Sinne für Vor- und Grundschüler bis Klasse 6: Früchte des Waldes • Der Waldboden lebt • Der Baum ist Wohnung • Der Waldboden ist Lebensraum • Leben wie die Indianer • Wir machen eine Rundfunksendung • Alte Bäume erzählen ihre Geschichte • Wir richten einen Waldlehrpfad ein.

> Der Grund verdirbt. Das Astwerk stirbt. Gebietet niemand Halt?
> Sorgt, dass er bleibt und Blätter treibt, der schöne grüne Wald.
> (Aus dem Vorwort von James Krüss.)

A5-Buch mit 96 Seiten
Bestell-Nr. A364
25,00 DM

Rolf Robischon

LERNEN IST WIE ATMEN

Texte zum natürlichen Lernen

Rolf Robischon ist Lehrer und Schulleiter an einer ganz ‚normalen' Grundschule bei Freiburg.
Aber in seiner Schule lernen die Kinder so einfach wie sie atmen: Sie lernen lesen, indem sie die Schrift erfinden. Ihre ‚Fehler' sind Schritte auf dem Weg zum Verstehen.

A5-Buch mit 124 Seiten
Bestell-Nr. A340
25,00 DM

Rolf Robischon

BÄRENSTARKE GRAMMATIK

Vorbereitende Sprachkundeaufgaben für Klasse 1 bis 4, thematisch gegliedert

„Erste Klasse, erster Schultag: Die Kinder schauen Bilder an, sie sprechen darüber, sie malen sie an und sie entdecken: Da stehen Zeichen, das werden wohl Buchstaben sein. Und darunter sind leere Kästchen.
Die Kinder schreiben: ENTE, EI, POLIZEI.
Erste Klasse, sechs Wochen später: Die Kinder lesen und schreiben alle Großbuchstaben. Sie schreiben sich und ihrem Lehrer oder ihrer Lehrerin Briefe ..."
Die beiden dicken Ringbücher von Rolf Robischon mit ihren Texten und Zeichnungen fordern zu eigenen Ideen und zur Eigenarbeit auf. Teil 1: Wortarten, Teil 2: Formen und Sätze.
Vormals bei Justus Perthes, 1996 nun bei AOL in der 2. Auflage erschienen.

72 Seiten in 2 A4-Ringbüchern
Bestell-Nr. F682
98,00 DM

Renate Krull

„DU BIST DRAN!" – DaZ-Kopiervorlagen

Spiele und Rätsel für Deutsch lernende Kinder in Klasse 1 bis 4

DaZ – Deutsch als Zweitsprache: Handelnd wird der Grundwortschatz in ganzen Sätzen gelernt! Denn wichtig ist der Aufbau der kommunikativen Kompetenz, damit Ausländer ihre Bedürfnisse ausdrücken können.
Die Arbeitsblätter greifen viele Spiel- und Aktionsvorschläge aus der Praxis auf und sind so erweitert und umgesetzt worden, dass sie sofort eingesetzt werden können.

A4-Buch mit KV, 136 Seiten
Bestell-Nr. A495
44,00 DM

LIFE – Interkulturelles Lernen

... im AOL-Verlag
Waldstr. 18 · D-77839 Lichtenau
Fon (07227) 95 88-0 · Fax 95 88 95

LERNEN MIT ALLEN SINNEN
LERNEN MIT ALLEN NATIONEN
LERNEN MIT ALLEN HAUTFARBEN
LERNEN MIT ALLEN KULTUREN

LIFE

Eine Ideen- und Materialienkiste
für das interkulturelle Lernen

LIFE wie Leben!
Miteinander leben, voneinander lernen.
American Graffiti, internationale Pop-Musik, die vielen Nationalitäten in unseren Klassen, die vielgeliebte asiatische, italienische Küche, der Europäische Einigungsprozess, weltweite Migrationsbewegungen, „Minderheiten", ...

INTERKULTUR ist Alltag,
INTERKULTURELLES LERNEN ist es nicht.

Zwar gibt es vereinzelt Schulversuche, gelegentlich werden mit ministeriellem Segen Handreichungen erstellt – die finanzielle und personelle Ausstattung ist aber noch überwiegend gering – und das trotz der Misere in den Klassenzimmern, wo wir als unzulänglich darauf vorbereitete Lehrer/innen mit unseren nationalen pädagogischen Konzepten oft recht hilflos vor multinationalen Klassen, vor Sprachschwierigkeiten und sozialen Spannungen stehen.

Grund genug um mit LIFE eine (fortlaufende) Ideen- und Materialienkiste zu konzipieren:

Praktische Handreichungen für das Interkulturelle Lernen vom Kindergarten bis zur Sekundarstufe.
Im Zentrum der Loseblattsammlung stehen Ideen und Materialien, die im Unterricht in allen Klassenstufen, im vor-

schulischen Bereich und in Freizeiteinrichtungen eingesetzt werden können:

• Literarische und aktuelle Sachtexte mit Arbeitsaufträgen
• Unterrichtsskizzen
• Kopiervorlagen
• Projektbeschreibungen
• Entwürfe zur Herstellung von Spielen und Freiarbeit-Materialien
• Fotos, Bilder, Materialien zum Einstieg in andere Sprachen
• Minisprachkurse
• bilinguale Textangebote
  ⋮

Daneben werden Konzepte interkulturellen Lernens vorgestellt, Lehrplanentwürfe, einführende Beiträge sowie Literatur-, Material- und Medienlisten geboten. Und ein Register, das auf Diskette, aber auch als separater Ausdruck bezogen werden kann.

Kolleginnen und Kollegen, die mitarbeiten wollen, wenden sich bitte an:
Jörg Knobloch (Hrsg. n. a.), Kiebitzweg 48, D-85356 Freising, Fon & Fax (08161) 8 13 32.

LIFE – Ideen- und Materialienkiste für Interkulturelles Lernen – Das Grundwerk *Loseblattsammlung im Abonnement, ca. 140 Seiten im A4-Ordner* **Bestell-Nr. A730** **86,00 DM**

LIFE – 1. Ergänzungslieferung, erscheint Frühjahr '97 *ca. 80 Seiten* Bestell-Nr. A731, 39,80 DM

LIFE – 2. Ergänzungslieferung, erscheint Herbst '97 *ca. 80 Seiten* Bestell-Nr. A732, 39,80 DM

LIFE – Infoblatt zum Kennenlernen *Bestell-Nr. F111, kostenlos*